그렇게 말해주니
공부하고 싶어졌어요

• 이 책에 나온 사례는 모두 사전에 동의를 받았지만 가명을 쓰고 상황을 각색했습니다.

그렇게 말해주니 공부하고 싶어졌어요

공부에 자신감을 심어주는 엄마의 똑똑한 대화법

한혜원 지음

위즈덤하우스

차례

1. **동기를 부여하는 엄마의 대화법 :**
   "공부 자존감부터 만들어야 합니다"

   공부는 자존감이 뒷받침되어야 합니다   10
   아이들이 공부를 싫어하는 7가지 이유   18
   모든 것은 부모의 말에서부터 시작되었습니다   23
   스스로 하는 공부에는 확실한 동기부여가 있습니다   33

2. **자율성을 키워주는 엄마의 대화법 :**
   "스스로 공부해야 오래 갑니다"

   아이가 자신의 원칙을 세우도록 도와주세요   48
   아이의 말을 경청하며 무조건 공감해주세요   54
   지시하지 말고, 원칙과 기준을 함께 만들어요   62
   열린 질문으로 생각의 힘을 길러주세요   68
   "어떻게 하면 좋을까?" 아이가 고민할 시간을 주세요   74
   아이의 속도를 인정하고 기다려주세요   80

3. 유능감을 키워주는 엄마의 대화법 :
"자기를 믿어야 공부 욕심이 커집니다"

잘하고 싶은 아이들의 마음을 알아주세요　90

격려가 독이 될 수 있어요　92

천리길도 한 걸음부터, 아이의 근접발달영역을 찾아봅시다　98

무조건 칭찬하기보다 구체적으로 말해주세요　107

"이게 최선을 다한 거니?" 채근하지 마세요　115

끈기도 학습할 수 있다! 근면성이 자라는 5가지 환경　120

아이의 '조바심'을 기회로 바꿔주세요　129

아이들의 조바심을 다스리는 3가지 방법　132

아이의 성장 마인드셋을 길러주세요　141

부모님의 실패 경험을 들려주세요　148

4. 관계가 좋아지는 엄마의 대화법 :
"부모와 관계가 좋으면 성적도 따라옵니다"

좋아서 공부하는 아이들의 비밀　**158**
DNA만 유전되는 게 아니에요　**161**
공부를 하고 싶게 만드는 관계의 비밀　**165**
상위 0.1% 아이들의 부모는 과연 무엇이 다를까?　**171**
아이들 세상으로 들어가는 3단계 관문　**176**
잔소리와 대화의 차이는 친밀감 화법입니다　**181**
아이들이 갖고 있는 긍정 씨앗을 찾아주세요　**186**
아이들의 존재감은 집에서부터 생겨납니다　**190**
존중받는 경험이 자아존재감의 씨앗이 됩니다　**194**
고맙다고, 미안하다고 말하는 걸 주저하지 마세요　**198**
잔소리에는 '불편한 생각'이 담겨 있어요　**203**
잔소리하기 전에 먼저 들어주세요　**208**
잔소리를 줄이는 3가지 기술　**213**

5. 공부 자존감을 만드는 대화 연습 :
"아이의 성향에 따라 화법이 달라야 합니다"

"내 아이 맞아?" 부모와는 성향이 다른 아이와 공감하기 222
"못하면 어떡하지?" 불안감이 높은 아이 226
화나면 입을 다무는 아이 232
"나는 이건 못해요." 해보지도 않고 포기하는 아이 237
"난 수학이 싫어" 특정 과목을 싫어하는 아이 243
"그만할래요" 끈기가 없는 아이 249
"내가 할 거야" 혼자만 하려고 하는 아이 255
"나는 이것만 할 거야!" 호불호가 뚜렷한 아이 261
"이따가 할게요" 숙제를 계속 미루는 아이 267
"뭐든지 내가 이겨야 해" 승부욕이 강한 아이 278
"그럼 공부 안 할 거야!" 공부를 반항의 수단으로 삼는 아이 284
필기를 싫어하는 아이 292
"난 구제불능이야!" 자책을 심하게 하는 아이 297

에필로그

사실 저는 두려워서 펜을 들었습니다 307

아이들은 자신의 내밀한 감정을
주 양육자인 엄마와 나누고 싶어 합니다.
시험을 잘 봤을 때 가장 먼저 알려주고 싶은 대상도 엄마고,
시험을 망쳐 속상할 때 가장 위로를 받고 싶은 대상도
엄마인 것처럼 말이죠.
이렇게 아이들이 공부와 관련하여
자신의 내밀한 감정을 드러낼 때,
엄마가 아이와 나누는 대화가
아이들의 공부 자존감에 지대한 영향을 미칩니다.

1장
동기를 부여하는 엄마의 대화법 :

"공부 자존감부터 만들어야 합니다"

> **공부는 자존감이
> 뒷받침되어야 합니다**

"선생님, 저는 우리 아이 공부까지는 욕심내지 않아요."

수화기 너머로 진형이 어머님의 한숨 섞인 목소리가 들립니다. 공부는 못하더라도 친구들과 사이좋게 지내고, 건강하게만 자라주면 좋겠는데 하루가 멀다 하고 친구들과 싸우는 진형이를 보니 속이 상하신 겁니다. 사실 이것은 진형이 어머님만의 고민이 아닙니다. 아이가 그저 건강하고 행복하게 자라기를 바라는 엄마의 마음은 모두 같습니다. 하지만 참 이상하죠? 그렇게 큰 욕심을 부리는 것도 아닌데, 우리는 무엇 때문에 이렇게 자꾸 속이 상하는 걸까요?

아이들에게 크게 바라는 것이 없다는 진형이 어머님의 마음, 백 번 이해합니다. 하지만 '공부는 욕심내지 않는다'는 어머님의 말이 과연 사실일까요? 사실, 진형이뿐만 아니라 대한민국의 많은 아이들이 이러한 엄마의 말을 믿지 않습니다. '공부'로 인해 엄마와 관계가 많이 틀어지기 때문이죠. '다른 것은 바라는 게 없다. 다만 건강하기만 해다오'라고 말하던 엄마의 마음은 아이들이 학교에 입학하면서 조금씩 변하기 시작합니다. 학교에서 배우는 것도 척척 해냈으면 좋겠고, 수업시간에 발표도 잘했으면 좋겠고, 이왕이면 우리 아이가 선생님에게도 인정받으면 좋겠다는 마음이 자연스레 생기는 것이죠. 물론, 이러한 엄마의 마음이 잘못되었다는 것이 아닙니다.

'공부까지는 욕심내지 않는다'는 말, 저는 오히려 이 말을 경계해야 한다고 생각합니다. 엄마의 마음이 처음과 사뭇 달라지기 때문은 아닙니다. 아이들의 삶에서 공부라는 것이 결코 무시해서는 안 되는 존재이기 때문에 그렇습니다. 아이들의 삶에서 '공부'는 얼마나 많은 부분을 차지하고 있나요? 한번 아이들의 삶을 들여다보겠습니다. 아이들은 1년의 절반 넘는 190여 일을 매일같이 학교에 갑니다. 어디 그뿐인가요? 매일매일 하루 4~6시간 동안 아이들은 친구들과 함께 정해진 과목을 배우고 때로는 시험을 통해 자신이 얼마나 알고 있는지 점검합니다. 이런 생활을 적어도

10여 년은 지속해야 하는 아이들의 삶에서 공부는 절대적으로 큰 부분을 차지하고 있습니다. 어른들에게 '사회생활'이 있다면, 아이들에게는 그러한 사회생활이 바로 '학교생활'인 셈입니다.

앞서서 한숨 섞인 말로 진형이의 공부를 욕심내지 않는다는 어머님의 말씀에도 일리는 있습니다. 사실 어머님은 지금 아이의 공부에 신경을 쓸 겨를이 없습니다. 매사 부정적인 데다가 툭하면 친구와 싸우고, 이제는 선생님께 반항까지 하는 진형이의 모습이 더 걱정되기 때문입니다. 그래서 어머님은 진형이의 공부는 일단 제쳐두고 매일같이 "학교에서 싸우면 안 된다", "선생님 말씀은 잘 들어야지"라며 아이의 훈육에 집중하고 계십니다(물론, 이것도 중요합니다). 하지만 자세히 들여다보면 이 모든 것은 어쩌면 진형이의 삶에서 공부가 무시되었기 때문에 시작된 일일지도 모릅니다.

우리는 학교생활에서 '공부'를 지울 수 있을까?

아이의 삶에서 공부가 배제되면 어떤 일이 일어날까요? 진형이의 하루를 살펴보겠습니다. 진형이는 아침부터 학교 갈 생각에 얼굴을 찌푸립니다. "학교에서 친구들과 재미있게 놀고 와"라는 엄마의 말에 진형이는 입을 삐죽 내밀고 한숨을 쉽니다. "학교가 뭐가 재미있어. 하나도 재미없는데." 진형이는 투덜거리며 교실에 들어갑니다. 1교시는 진형이가 제일 싫어하는 수학시간입니다. 다른 친구들이 번쩍 번쩍 손을 들고 발표를 하는 모습을 보니 진형이는 슬슬 짜증이 나기 시작합니다. 왠지 나만 아무것도 모르는 것 같아 창피하기도 합니다. '아 재미없어. 수학이 무슨 쓸모가 있다고 이런 걸 배우는 거야. 그 시간에 나는 축구나 하겠다.'

진형이가 잠시 운동장을 멍하니 바라본 순간, 날카로운 선생님의 목소리가 들립니다. "누가 딴 데 쳐다보지? 진형이 3번 문제 뭐라고 썼니?" 선생님의 말 한마디에 진형이는 화들짝 놀라 정신을 차립니다. '내가 모르는 걸 물어보다니. 선생님은 왜 나한테만 그러시는 거야?' 야속한 마음에 괜히 짜증이 나고 화가 나기 시작합니다. 이때 짝궁인 진서가 손가락으로 "이거 이거. 63이라고 말해"라며 거들고 나서자 화가 솟구쳤습니다. "나도 알고 있거든! 바보 취급 하지 마!!" 이제는 친구들마저 자기를 무시하는 것 같아 진형이는 참았던 화를 터뜨리고 말았습니다.

하지만 진형이의 이런 속마음을 선생님과 친구들이 알아줄 리가 없습니다. "너 지금 무슨 말을 하는 거야! 진서는 너 도와주려고 하는 건데 그게 무슨 말버릇이야!" 선생님의 꾸중을 듣고 상담실을 찾아온 진형이는 참았던 눈물을 흘리며 저에게 말했습니다. "학교 오기 싫어요! 다 재미없어. 왜 나한테만 그러는 거예요?"

자꾸 이런 일이 반복되자 진형이는 어느새 '사회성이 부족한 아이', '집중력이 부족한 아이', '선생님에게 반항하는 아이', '도무지 이해가 안 되는 아이'가 되어버리고 말았습니다. "화를 내지 말아라", "친구들에게 친절하게 대해라"라는 엄마와 선생님의 반복되는 이야기도 더는 진형이에게 통하지 않습니다. 아니 사실, 어쩌면 당연한 일일지도 모릅니다. 진형이의 문제는 낮은 사회성이나 집중력, 반항심 때문이 아니거든요. 진형이의 본질적인 어려움은 다른 데 있습니다. 바로 낮은 공부 자존감입니다.

'난 뭘 해도 못해!' 두려움과 한계를 학습하는 아이들

자존감이란 자신을 소중하게 여기며 내가 어떤 성과를 이뤄낼 만한 사람이라고 믿는 마음을 말합니다. 자존감은 마치 나무의 뿌리와도 같아 아이들이 어떤 상황에서도 쉽게 흔들리지 않도록 든든히 지켜주는 역할을 하죠. 나무의 뿌리가 튼튼하면 거센 비바람에도 쉽게 흔들리지 않고 자신을 지키는 것처럼 자존감이 높은 아이들은 자신의 장단점을 있는 그대로 인정하며 자신이 하고 싶고, 잘할 수 있는 것을 더 발전시키려고 노력합니다.

하지만 반대로 뿌리가 약하면 어떻게 될까요? 거센 비바람에 쉽게 흔들린 나무는 결국 시름시름 앓기 시작합니다. 자존감이 낮은 아이들은 자신이 아닌 타인의 인정을 받기 위해 안간힘을 쓰면서도 다른 사람들이 자신을 낮게 평가하는 것은 아닐까 전전긍긍하는 모습을 보입니다. 잘해도 걱정, 못하면 더 걱정, 자존감이 낮은 아이들의 머릿속은 참 복잡합니다.

그렇다면 자존감과 공부는 어떤 관계를 맺고 있을까요? 자존감이 높은 아이들은 '성장'을 위해 공부합니다. 이 아이들에게 공부란 지겨운 암기가 아닌 자신과 세상을 이해하고 알아가는 과정입니다. 물론 자존감이 높다고 해서 항상 승승장구하는 것은 아닙니다. 아는 문제를 틀려 속상해하기도 하고, 아무리 해도 이해가 되지 않아 머리를 쥐어짜기도 하는 모습은 일반 아이들과 별다를 것이 없습니다. 하지만 공부 자존감이 높은 아이들은 좌절과 실패 앞에서도 다른 모습을 보입니다. 모르는 것을 알아가는 즐거움을 아는 아이들은 "한 번만 더 해볼래요!"라며 쉽게 포기하지 않습니다. 때로는 마음처럼 결과가 나오지 않았더라도 "괜찮아, 다음에는 잘할 수 있어!"라며 스스로를 다독일 줄 압니다.

하지만 공부 자존감이 낮은 아이들은 공부하는 목적부터 다릅니다. 이 아이들은 부모님의 칭찬을 듣기 위해, 선생님에게 인정받기 위해, 또는 남들이 알아주는 좋은 대학에 가기 위해 책상에 앉습니다. 그래서 아이들은 쉽게 불안해합니다. '이번에 성적이 떨어지면 어쩌지?', '엄마한테 혼나는 거 아니야?'라는 걱정과 두려움에 사로잡혀 스스로를 괴롭히기도 합니다. 심지어 두려움이 심한 아이들은 오히려 공부를 회피하며 두려움에서 벗어나려고 합니다. "나는 공부 안 할 거예요!", "공부 필요 없어요!"라며 당당하게 외치는 아이들의 속마음은 사실 두려움으로 가득 차 있을지도 모릅니다.

물론, 저는 이 책에서 공부와 행복과의 관계를 말하려는 것이 아닙니다. 공부 자존감이 낮다고 해서 아이들의 자존감이 항상 낮다고 말할 수는 없습니다. 하지만 그러기에는 굉장히 어려운 것이 현실이기도 합니다. 특히 지금의 대한민국에서는 말이죠. 공부는 아이들의 삶과 떼려야 뗄 수 없는 관계입니다. 학교가 끝나면 모두 다 우르르 학원로 몰려가는 바람에 운동장에선 축구할 친구를 찾는 것이 더 힘들다고 말할 정도니, 대한민국에서는 아이들의 삶과 공부가 밀접하게 연결되어 있다고 해도 과언이 아닐 겁니다.

적어도 이 책을 읽는 모든 독자 분들이 이 사실 하나만큼은 알아주셨으면 좋겠습니다. 제가 만나본 아이들은 그 누구보다도 학교에서 잘 지내고 싶어 합니다. 아이들은 단지 친구들과 재미있게 노는 것뿐만 아니라 교실에서 수업도 잘 듣고 발표도 하고 싶어 하며, 선생님에게 칭찬도 받고 싶다고 말합니다. 하지만 바람과는 다르게 학교에서 자신이 제대로 해내지 못한다는 생각이 들기 시작하면 아이들의 삶에는 균열이 생겨버립니다. 그러다보니 '난 뭘 해도 못해'라며 두려움을 학습해버리는 것이죠. 성장의 과정에서 때로는 돌부리에 걸려 넘어지는 과정도 필요한 법인데 '나는 앞으로 계속 넘어질 게 분명해'라는 생각이 앞서자 아이들은 지레 겁을 먹고 포기해버립니다. 하지만 이때 아이들이 포기하는 것은 학교에서의 공부만이 아닙니다. 아이들은 어느새 스스로를 위한 배움과 성장까지 거부하기 시작합니다.

아이들이 공부를 싫어하는 7가지 이유

그렇다면 아이들의 공부 자존감이 낮아진 이유는 무엇일까요? 자존감이 태어날 때부터 정해진 것이 아닌 것처럼 공부 자존감 역시 마찬가지입니다. 학창 시절 자신감을 느껴본 아이들은 쉽게 '내가 노력하면 충분히 잘 해낼 수 있지!'라고 생각합니다. 때로는 한 뼘 더 성장하기 위해 주저 없이 '도전!'을 외치기도 해요. 공부 자존감은 이러한 과정에서 자연스럽게 형성됩니다.

반면 공부 자존감이 낮은 아이들은 배움과 부정적인 감정이 강하게 연결되어 있습니다. 공부라는 이야기만 들어도 얼굴을 찌푸리고 '저는 어차피 해도 안 돼요!'라고 말하며 '공부 = 난 못해 = 짜증 나'라는 강한 연결고리를 가지고 있어요. 심지어 공부가 자신을 방해한다고 생각하는 아이들도 있습니다. 공부 자존감이 낮은 아이들은 말합니다. 자신이 공부를 싫어하는 이유가 분명히 있다고 말이죠.

①포기가 습관이 된다

"나는 어차피 못해요"

한때 수학을 포기한 아이들이 많아 '수포자'라는 말이 유행했었는데, 요즘은 '이생망'이라는 말이 유행입니다. '이번 생은 망했다'는 말의 줄임말인데, 수학을 포기한 것을 넘어서 삶에 대한 희망까지 놓아버린 듯한 안타까운 표현이기도 합니다. 공부를 멀리하는 아이들 대부분은 "어차피 저는 못해요"라는 말을 밥 먹듯이 합니다. 누적된 좌절과 실패 경험이 아이에게 일상이 되면서 해보기도 전에 이미 안 될 것이라며 단정해버리는 것이죠. 여기서 안타까운 사실은 '어차피 안 될 거라는' 아이들의 '판단'입니다. 포기가 습관이 된 아이들에게는 조금의 인내심도 쉽게 허락되지 않는 법이거든요.

②엄마의 잔소리부터 떠오른다

"어차피 엄마한테 혼날 거예요"

포기가 습관이 된 아이들은 공부라는 단어만 들어도 머리가 아프다고 말합니다. 이미 해봤자 안 될 것이라는 부정적인 결과를 예측하고 있기 때문입니다. 아이들은 "공부해봤자 시험 점수 안 나와요. 그리고 어차피 엄마는 그것밖에 못하냐고 잔소리 하실걸요?"라며 벌써 엄마의 말까지 지레짐작 판단해버립니다. "공부를 열심히 해서 성적을 올리면 잔소리도 안 하지 않겠느냐"라고 말하고 싶지만, 이미 아이들에게 이런 말은 소용없습니다. 자신이 공부를 열심히 한다고 해도 성적이 오를 거라는 기대가 없기 때문에 이런 회유는 전혀 통하지 않거든요.

③ 공부가 인생에 도움이 안 된다고 생각한다

"공부, 해서 뭐 해요?"

아이들이 많이 하는 말이 있습니다. "선생님, 수학 배워서 뭐 해요? 어차피 계산기가 다 계산해주는데 뭐 하러 어려운 공식 배워요?", "선생님, 영어는 요즘 번역기가 다 말해주는데 제가 뭐 하러 남의 나라 말까지 배워야 해요?", "유튜브 해도 돈 벌 수 있어요!" 공부 자존감이 낮은 아이들은 공부가 자신의 삶에 도움이 되지 않는다고 생각합니다. 평소에는 내세우지 않았던 실용성까지 운운하는 아이들은 자기합리화를 해서라도 공부를 거부하는 모습을 보입니다.

④ 주변에 공부를 즐기는 사람이 없다

"공부, 누가 좋아해요?"

공부 자존감이 낮은 아이들은 '공부 = 재미없어'라는 공식을 뚜렷하게 가지고 있습니다. 그 이유는 간단합니다. 살면서 공부를 좋아하고 배움을 즐기는 사람을 본 적이 없기 때문입니다. "누가 공부를 좋아해요? 집에 가면 엄마도 맨날 핸드폰 하고 아빠도 집에 오면 TV 보거나 게임하세요. 왜 아무도 책을 안 보면서 나한테만 책 읽으라고 하는 거예요? 재미없게." 사실 아이들의 말을 들어보면 틀린 것이 없습니다. 다들 TV 보며 웃고 있으면서 자신에게는 빨리 숙제하라고 말한다면, 도대체 누가 숙제를 즐거운 마음으로 끝낼 수 있을까요?

⑤ 공부는 특별한 사람이 잘하는 것이다

"공부는 어렵잖아요"

아이들은 아무나 공부를 잘하는 게 아니라고 생각합니다. 공부를 잘하는 사람은 내가 아닌 특별한 누군가라고 생각하는 것이죠. "맨날 똑같은 것 배우는데 시험 보면 우리 반 1등 은서는 항상 100점이란 말이에요. 저도 공부하는데 100점은 받아본 적도 없어요! 은서니까 그렇게 하지 저는 못해요." 아이들은 자신은 그럴 수 없다고 손사래를 칩니다.

⑥ 공부하는 방법을 모른다

"근데 공부는 어떻게 해요? 그냥 외우는 거 아니에요?"

예상 외로 대부분의 아이들은 공부하는 방법을 잘 모릅니다. "일단 외워"라는 말에 익숙한 아이들은 일단 암기는 하지만 결국은 제대로 이해하지 못한 탓에 난관에 부딪히게 됩니다. 엄마나 학원 선생님이 시키는 공부에 익숙해 스스로 공부를 하려면 어디서부터 무엇을 해야 할지 몰라 허둥거립니다.

⑦ 엄마에게 할 수 있는 반항의 도구

"싫어요, 나 공부 안 할 거야!"

"시험점수가 안 나와서 이제 외출 금지예요. 엄마가 친구 집에도 못 가게 한단 말이에요!" 이 아이들에게 공부는 자신을 가로막는 장애물입니다. 공부가 자신을 방해하고 있으니 공부를 하는 것이 즐거울 리 없습니다. 때로는 한술 더 떠서 반항하기 위한 수단으로 공부를 하지 않는 아이들도 있어요. "엄마가 이제 게임도 하지 말래요. 흥! 나도 공부하나 봐요. 나도 공부 때려칠 거야!" 엄마가 자신의 약점인 게임을 쥐고 흔들자 아이들도 반격에 나섭니다. 엄마가 가장 두려워하는 것, 바로 공부를 하지 않기로 결정한 것이죠.

> **모든 것은
> 부모의 말에서부터 시작되었습니다**

"도대체 어디서부터 잘못된 걸까?"

왜 어떤 아이들은 인내심을 가지고 노력하는 반면에 어떤 아이들은 스스로를 깎아내리기까지 하며 공부를 멀리하는 것일까요? 사실 아이들이 몇 번 좌절했다고 해서, 엄마한테 꾸중 좀 들었다고 해서 갑자기 공부 자존감이 낮아지지는 않습니다. 공부 자존감은 그렇게 단숨에 쌓아올려지거나 한꺼번에 와르르 무너지지 않아요. 오히려 오랜 시간에 걸쳐 차곡차곡 쌓이는 것이 바로 공부 자존감입니다.

부모의 말로부터 시작되는 아이의 생각 습관

어느 날, 갑자기 고관절이 뻐근하기 시작했습니다. '어디에 부딪힌 것도 아닌데 왜 그러지?'라는 생각에 병원에 가니 의사 선생님은 평소 저의 '짝발 자세' 때문에 관절에 무리가 갔다고 말씀하셨어요. 그제야 '아, 그래서 어른들이 짝발로 서 있지 말라고 하신 거구나'라는 깊은 깨달음을 얻고 자세를 고쳐보려고 했지만 그때뿐이었습니다. 제가 잠시라도 한눈을 팔고 잊어버리면 제 몸은 어느새 저에게 가장 편한 자세인 짝발 자세로 서 있기 일쑤였으니까요.

'이래서 습관이 무서운 거구나'라는 생각을 하며 저는 요즘도 제 생각을 붙들고 양쪽 발에 모두 힘을 줘서 바른 자세로 서 있기 위해 애를 쓰고 있습니다. 이처럼 습관은 정말 강력합니다. 그리고 정말 무섭기도 합니다. 하루에도 수십 번씩, 습관적으로 하는 행동은 당장 드러나지 않아도 우리의 삶에 강력한 영향을 미칠 뿐만 아니라, 한번 형성된 습관은 바꾸기가 정말 어렵기 때문입니다.

생활 습관 이외에도 중요한 습관이 있는데 그것이 바로 '생각 습관'입니다. 똑같은 물병을 보고도 '물이 반이나 남았네'라고 생각하는 사람이 있는가 하면 '물이 절반밖에 남지 않았잖아'라고 생각하는 사람이 있는 것처럼 세상을 어떤 눈으로 바라보는가는 바로 우리의 생각 습관이 결정합니다. 공부 자존감 역시 마찬가지입니다. 어려움이 닥쳤을 때 '한번 해보지 뭐'라며 의지를 불태우거나 혹은 '나는 이건 못 해', '이번에도 실패하면 어떡하지?'라며 쉽게 포기를 해버리는 것은 바로 아이들의 무의식적인 생각 습관이 결정합니다.

그렇다면 아이들의 생각 습관을 결정하는 것은 무엇일까요? 바로 '말'입니다. 자신이 열심히 노력하고 있을 때 들었던 말, 생각보다 점수가 나오지 않아 속상해할 때 들었던 말과 같이 평소 공부에 대해서 들어왔던 말들이 아이들의 생각 습관을 만듭니다. 그중에서도 엄마의 말이 아이들에게 더 강력하게 작용합니다. 아이들은 자신의 내밀한 감정을 주 양육자인 엄마와 나누고 싶어 합니다. 시험을 잘 봤을 때 가장 먼저 알려주고 싶은 대상도 엄마고, 시험을 망쳐 속상할 때 가장 위로를 받고 싶은 대상도 엄마인 것처럼 말이죠. 이렇게 아이들이 공부와 관련하여 자신의 내밀한 감정을 드러낼 때, 엄마가 아이와 나누는 대화가 아이들의 공부 자존감에 지대한 영향을 미칩니다.

공부 자존감을 깎아먹는 말들

그렇다면 공부 자존감이 낮은 아이들은 그동안 어떤 말을 들어왔을까요? 저는 아이들에게 공부하기 싫게 만드는 어른들의 말은 무엇인지 질문했습니다. 아래는 아이들이 직접 작성한 대답을 추린 것입니다.

"왜 이렇게 쉬운 것도 못 풀어?"

"야, 이 XX야 공부해."

"이게 학생이야?"

"커서 뭐가 되려고 그러니?"

"공부 못하는 애들이 꼭 그래요."

"너는 도대체 누굴 닮은 거야?"

"공부 안 하면 핸드폰 없앨 줄 알아."

"야, 너 죽을래?"

"왜 그렇게 살아?"

"서울대 가서 의사하면 좋겠다."

"다 너 좋으라고 하는 말이야."

"게임할 시간에 공부 좀 해라."

"머리에 도대체 뭐가 들었니?"

정말 이런 말을 들었다고? 아이들의 답변을 받고 놀란 저는 몇 번이나 되물었습니다. 그러자 민교가 대수롭지 않다는 듯 이렇게 말합니다. "그럼요. 저희 아빠는 맨날 저보고 돌대가리라고 그러는걸요?" 아이들의 답변에 공부라면 몸서리치게 싫어하는 아이들의 행동이 이해되기 시작했습니다. 사실 공부를 싫어하는 아이들의 행동은 정상적인 반응이었습니다. 이런 인신공격적인 말들을 부모님에게서 들어야 했으니 공부를 싫어하고 멀리하고 싶은 것은 어쩌면 당연했을지도 모릅니다.

불쾌감만 키우는 '비난'만 담겨 있는 말

아이들의 공부 자존감을 낮추는 말에는 공통점이 있습니다. 첫 번째 공통점은 비난입니다. "너 죽을래?", "왜 그렇게 살아?", "게임할 시간에 공부나 해라"와 같은 말에는 단지 비난만 가득할 뿐, 어떠한 공감이나 조언도 담겨 있지 않습니다. 물론, 부모님들은 나름의 이유가 있다고 항변하십니다. "애가 너무 세상을 몰라요. 공부가 얼마나 중요한데. 나중에 후회하면서 저를 원망하는 것보다 지금 속상해도 정신 차리는 게 나아요. 애들은 자극 좀 받아야 해요." 민교의 아버지는 아들에게 자극을 주기 위해 어쩔 수 없이 쓴소리를 했다고 말씀하셨습니다.

하지만 안타깝게도 아버님의 큰 그림(?)과는 다르게 "아빠는 저보고 돌대가리라고 해요"라고 말하는 민교의 표정에는 불만과 짜증, 두려움과 수치심만 남아 있었습니다. 아버지의 바람대로라면 아빠의 말을 듣고 민교는 자극을 받아 열심히 공부를 했어야 했는데, 공부는커녕 공부에 대한 불쾌한 감정만 깊어진 것입니다. 설령 이런 말들에 자극을 받아 공부를 한다고 해도 그 역시 아이에게 큰 도움이 되는 것은 아닙니다. 부모에게 인정받기 위해, 또는 나를 무시하는 누군가를 꺾기 위해 하는 공부에는 여전히 불쾌한 감정만 남아 있을 뿐이거든요. 불쾌한 마음으로 하는 공부는 결코 배움을 만들어낼 수 없으며 이는 자신을 위한 성장으로도 이어지지 않습니다.

아이들은 엄마가 무엇 때문에 비난했는지 잘 기억하지 못합니다. 너무 속이 상한 나머지, 엄마가 무슨 말을 한 것인지는 기억하지 못하는 겁니다. 대신 당시 느꼈던 속상함, 수치심, 두려움이 오래도록 이어져 아이들의 공부 자존감을 갉아먹게 됩니다. 이제 아이들에게는 비난이 아닌 다른 말이 필요합니다.

"너는 안 돼"라는 주문, '한계'를 담고 있는 말

공부 자존감을 낮추는 말의 두 번째 공통점은 말에 한계가 담겨 있다는 것입니다. 공부 자존감이 낮은 아이들은 마치 운명론자처럼 "선생님 저는 어차피 안 돼요", "어차피 엄마한테 혼날 거예요"라며 자신의 미래를 이미 알고 있다는 듯이 말합니다. 이런 아이들이 안타까워 때로는 "해보지도 않고 그러면 어떡해?"라며 채근하기도 했고, "한번 해보자! 이번에는 다를 수 있어"라며 달래도 봤지만 큰 소용은 없었습니다.

하지만 아이들이 내게 건네주었던 쪽지를 보자 그동안 아이들의 행동이 단숨에 이해가 되었습니다.

"네가 그렇지 뭐."
"커서 뭐가 되려고."
"너는 정말 구제불능이구나."

이런 말들은 아이들에게 마치 "너는 더 이상 아무것도 못해!"라고 알려주는 주문과도 같습니다. 어른들의 말을 들으며 아이들은 어떤 생각을 했을까요? '나는 어차피 해도 안 되는구나', '나는 노력해도 소용이 없겠구나'라며 스스로 자신의 한계를 정해버렸을 겁니다.

게다가 이런 말들은 아이들의 생각을 멈추게 합니다. '나는 이걸 잘 해내지 못할 거야'라는 한계를 만들어버린 아이들은 새로운 변화를 위한 노력이나 시도조차 포기해버리는 것이죠. 스탠포드 심리학과 교수인 캐롤 드웩(Carol S. Dweck)은 아이들의 이러한 생각을 고정 마인드셋(fixed mindset)이라고 표현하며 고정 마인드셋이 아이들의 잠재력과 성장에 부정적인 영향을 미친다고 강조했습니다. 어렸을 때부터 "너는 안 돼"라는 말을 주문처럼 들어온 아이가 자신의 한계를 정하고 운명론자가 되는 것은 시간문제일 뿐입니다.

한계가 담겨 있는 말은 아이의 발목을 잡습니다. 아이들의 잠재력을 발전시키기 위해서는 한계가 아닌 변화와 가능성을 담은 말이 필요합니다.

"부모의 트라우마를 물려주실 건가요?" 부모의 공부장벽이 담긴 말

"저도 모르게 그런 말이 나와요."
"아이에게 그런 말 하지 말라고 해도 남편은 말을 안 들어요. 정말 속상해요."

제가 만난 어머님들은 자신도 모르게 뱉은 말이 아이에게 큰 상처를 준 줄 몰랐다며 속상해하셨습니다. 하지만 그런 말을 한 자신을 자책하기 전에, 혹은 아이에게 막말하는 배우자를 비난하기 전에 먼저 생각해야 할 것이 있습니다. 바로 자신의 '공부장벽'입니다.

공부장벽이란 공부와 관련한 나의 콤플렉스와도 같습니다. **공**

부와 관련하여 힘들었던 경험, 그러한 경험으로 내가 갖게 된 생각이나 신념이 깊이 뿌리내려 무의식적으로 나 또는 아이에게 영향을 미치는 것이지요. 예를 들어, 지민이 아버지의 공부장벽은 '경제적 지원'이었습니다. 어린 시절 가정이 어려워 공부를 제대로 할 수 없었던 지민이 아버지는 아이들 교육에만큼은 돈을 아끼지 않으셨습니다. 그런데 아이들에게 지원을 해주는 것은 좋았지만 "그만큼 돈을 들였는데 성적이 이 모양이야!"라며 폭언을 일삼는 바람에 늘 집에는 찬바람만 불었습니다. '명문대 콤플렉스'를 가진 부모님도 계십니다. 직장에서 계속 승진이 밀리며 자신보다 일도 잘 못하는 동기들이 승승장구하는 모습을 보신 경민이 어머님은 늘 경민이에게 명문대를 가야 무시당하지 않는다고 말씀하셨습니다.

　이처럼 공부와 관련하여 힘들었던 자신의 경험이 콤플렉스로 남는 경우도 있지만 반대의 경우도 존재합니다. 지훈이 아버지는 '오로지 1등'만을 강조하십니다. 본인이 학창 시절에 늘 1등만 해왔던 경험, 부모님에게 "사회는 1등만 기억하지 2등은 기억하지 않는다"는 말을 귀에 못이 박이도록 들어왔던 경험이 뿌리 깊게 남아 지훈이에게 고스란히 전달되는 것이죠. 이로 인해 지훈이는 반에서 2등이나 3등을 해도 최선의 노력을 다하지 않은 것이라며 아버지께 혼나기 일쑤였습니다. 이렇게 공부장벽은 알게 모르게 나와 아이의 관계에 영향을 미치고 있습니다.

"선생님 강의를 들으면 그날은 괜찮은데 다음 날 또 불쑥 말을 내뱉어버려요." 책에다 밑줄을 몇 번이나 그으며 되새겨도 나도 모르게 뱉은 말 때문에 뒤돌아서 후회하는 이유는 간단합니다. 바로 머리로만 알았기 때문입니다. 아무리 몸에 좋은 음식이라고 하더라도 그것이 내 체질에 맞지 않는다면 아무 소용이 없는 것처럼, 아무리 좋은 내용이라도 내가 온전히 소화시키지 못했다면 도루묵이 되어버리는 것은 시간문제일지도 모릅니다.

아이에게 막말을 하고 뒤돌아서 후회하지 않기 위해서는 나 자신의 공부장벽을 살펴보는 것이 선행되어야 합니다. **내가 공부와 관련하여 어떤 쓰라린 경험을 가지고 있는지, 공부와 관련한 나의 편협한 신념은 무엇인지 돌아보며 나를 먼저 이해하는 과정이 필요합니다.** 나와 아이를 가로막는 공부장벽을 이해했다면 아이에게 "왜 이것밖에 못했어!"라고 화살을 돌리기 전에 "아, 내가 이런 부분에 아직 민감하구나"라며 스스로 먼저 알아차릴 수 있습니다. 변화는 이때부터 시작됩니다.

"내가 가지고 있는 공부에 대한 장벽은 무엇인가요?"

"나는 지금 아이에게 어떤 메시지를 전달하고 있나요?"

> **스스로 하는 공부에는
> 확실한 동기부여가 있습니다**

평화로운 아침, 할아버지는 아이들이 시끄럽게 노는 소리에 얼굴을 찌푸렸습니다. 동네 꼬마아이들이 집 앞 공터에서 신나게 축구를 하고 있었기 때문입니다. 조용한 아침을 맞이하고 싶었던 할아버지는 아이들이 다른 곳에서 축구를 하길 바라는 마음에 아이들에게 말을 걸었습니다.

"얘들아, 여기보다 더 큰 공터도 많지 않니? 거기서 축구하는 게 더 재미있을 것 같은데."

그러자 한 아이가 대답했습니다.

"아니에요. 다른 곳은 형들이 놀고 있어서 여기가 제일 좋아요."

도무지 다른 곳으로 갈 것 같지 않은 아이들을 보니 할아버지는 절로 한숨이 나왔습니다. 아이들을 보낼 수 있는 방법을 고민하던 할아버지는 빙그레 웃으며 새로운 제안을 했습니다.

"그렇구나. 정말 다행이다. 사실 할아버지가 그동안 외로웠는데, 너희들 노는 모습을 보니 기분이 좋구나. 혹시 내가 제안을 하나 하면 들어줄 수 있겠니? 매일 여기로 공놀이를 하러 와다오. 그러면 내가 너희에게 고마움의 표시로 매일 1,000원씩 주마. 대신 매일 와야 한다."

축구를 하는 것도 재미있는데 용돈까지 벌 수 있으니 아이들은 뛸 듯이 기뻐했습니다.

아이들은 매일 와서 공놀이를 했고, 할아버지에게 용돈을 받아갔습니다. 이렇게 며칠이 지난 후, 할아버지는 사뭇 미안한 얼굴로 말했습니다.

"얘들아 미안하다. 생각해보니 매일 1,000원씩 주는 건 조금 과한 것 같다. 내가 돈이 별로 없어. 앞으로는 500원씩 줄게. 그래도 매일 와줄 수 있겠지?"

그러자 아이들은 잔뜩 실망했습니다.

"죄송해요 할아버지. 500원은 너무 적어요. 저희도 다른 놀거리들이 많아서요. 여기서는 더 이상 놀지 못할 것 같아요."

참 이상한 일이죠? 애초에 아이들은 돈을 받으려고 축구를 했던 것이 아닙니다. 그저 축구가 재미있었던 겁니다. 하지만 돈을 받기 시작하면서 도리어 축구에 대한 즐거움이 점차 줄게 되었습니다. 급기야 다른 놀거리들이 많다며 500원을 거부하고 더 이상 공터를 찾지 않게 되었죠. 아이들이 좋아하던 축구마저 싫어지게 만드는 위력은 어디서 온 것일까요?

사실 이 이야기는 외적 동기의 좋은 예시로 소개되는 사례입니다. 여기서 '동기'란 우리가 무엇인가를 시작하고 지속하게 만드는 힘을 말합니다. 배가 고파서 밥을 먹는 것, 미술이 좋아서 그림을 그리는 것, 선생님한테 혼나지 않기 위해 숙제를 하는 것, 모두 '동기'와 관련이 있습니다. 하지만 어떤 행동은 누가 뭐라고 하지 않아도 스스로 시작하고 끈기를 보이는 반면, 어떤 행동은 억지로 시작하고 금방 포기하게 되어버릴 때가 있습니다. 이처럼 아무리 행동을 시작하게 하는 동기라고 하더라도 그 동기가 어디에서 시작되었느냐에 따라 우리의 행동은 천지차이를 보이게 됩니다.

'보상과 처벌', 공부자존감을 갉아먹는 독

외적 동기는 칭찬이나 보상을 받기 위해, 혹은 처벌을 피하기 위해 행동하는 것을 말합니다. "공부 안 하면 선생님한테 혼난단 말이에요", "이번에 반에서 5등 안에 들면 엄마가 핸드폰 사주신다고 했어요"라고 하는 아이들은 모두 외적 동기로 공부를 시작한 경우입니다.

사실 대한민국에는 외적 동기로 공부를 하는 아이들이 많습니다. 부모님들이 '칭찬과 처벌'이라는 카드를 꺼내는 이유 또한 그만큼 외적 동기가 강력하기 때문이지요. 공부라면 진저리를 치는 아이라도 핸드폰을 위해서라면 책상에 앉기도 하고, 도무지 외우지 않던 영어단어를 외우는 모습을 보여주는 것도 모두 외적 동기 덕분입니다.

하지만 강력하고 달콤한 효과만큼 그 수명이 짧은 것 역시 외적 동기라고 할 수 있습니다. 핸드폰을 얻기 위해 시험공부를 시작한 아이는 시험이 끝나자마자 공부를 놓아버리기 일쑤입니다. "이번에 성적 잘 받았으니까 좀 더 노력도 하고 그래야지!"라는 엄마의 말에 아이는 오히려 이렇게 질문합니다. "그럼 이번에는 뭐 사주실 건데요?"

또한 반강제적인 외적 동기로 인해 나타나는 부작용도 있습니다. 엄마가 영어유치원에 억지로 보냈던 기억이 있는 연서는 영어 공부면 치를 떨며 싫어합니다. 어렸을 적에는 엄마가 가라고 해서 억지로 갔지만, 이제 훌쩍 커버린 연서는 "싫어! 안 할 거야!"라며 엄마에게 반기를 들고 공부를 거부하는 것이죠. 이렇게 연서처럼 맞서 싸우는 아이들이 있는가 하면 엄마에게 반항할 용기가 없는 아이들은 다른 방법을 택하기도 합니다.

혜림이 어머님은 혜림이가 그동안 답안지를 보고 숙제를 모두 베꼈다는 학원 선생님의 말에 기절초풍하셨습니다. 선생님의 말을 듣고도 "우리 애가 그럴 애가 아닌데"라고 몇 번을 부정하셨던 어머님은 혜림이가 눈물을 뚝뚝 흘리며 "안 그러면 엄마랑 선생님한테 혼나니까 어쩔 수 없었어요"라고 말하는 모습을 보고 억장이 무너지셨다고 말씀하셨습니다.

그동안 "공부 잘하면 이거 사줄게", "숙제 안 하면 혼날 줄 알아"와 같은 말은 아이가 공부하게 만드는 참 쉬운 말이었을지도 모릅니다. 아무리 공부하는 것을 싫어하는 아이라도 이러한 엄마의 말 한마디면 바로 움직였으니 말이죠. 하지만 앞서 이야기한 것처럼 그 효과는 오래가지 못하고, 엄마의 말은 오히려 잔소리가 되어 아이와 멀어지게까지 했습니다. 이처럼 외적 동기는 아이들을 움직이게 하는 쉬운 수단일지는 모르지만 그 효과가 길지 않고, 부작용 또한 크다는 단점을 가지고 있습니다.

무엇보다도 외적 동기는 아이들의 공부 자존감을 높이지 못한다는 맹점이 있습니다. 칭찬을 받기 위해 시작한 공부는 아이로 하여금 배움과 성장보다는 눈에 보이는 '성적'에 집중하게 만들어버리기 때문이죠. 행여나 원하는 성적이 나오지 않아 칭찬을 받지 못하게 되면 '나는 왜 이 모양이야'라며 자신의 가치를 깎아내리는 것으로 이어져 결국은 아이들의 공부 자존감을 갉아먹고 맙니다.

'내가 하고 싶어서' 내적동기가 높은 아이들

내적 동기란 흥미나 즐거움, 성취감과 같이 활동 자체로 인해 자발적으로 일어나는 동기를 말합니다. "재미있으니까요", "제가 하고 싶으니까 하는 거예요"라고 말하는 아이들은 내적 동기로 공부를 하는 경우입니다. "과연 그런 아이들이 몇이나 있겠냐"고 말씀하시는 부모님들의 속마음이 들립니다. 하지만 가만 돌아보면 우리 역시 흥미와 즐거움으로 배움을 놓지 않은 적이 있었습니다.

승권이는 비가 와도 운동장에 나갑니다. 바로 자신이 좋아하는 축구를 하기 위해서지요. "축구를 하면 정말 시간가는 줄 몰라요"라고 말하는 승권이는 단순히 놀이로만 축구를 하는 것이 아닙니다. "승권이는 패스연습을 하다가도 자신이 원하는 패스가 나오지 않으면 끈질기게 연습해요. 아주 독종이라니까요." 승권이 어머님은 집에서도 축구해설경기를 들여다보는 승권이를 보며 혀를 내두르셨습니다.

지연이는 영어회화에 푹 빠졌습니다. 해외로 가족여행을 다녀온 뒤로 학교에서 배운 영어로 외국인과 대화를 나눠본 경험이 지연이의 영어공부에 불을 붙인 것입니다. "영어로 말하니까 너무 재미있어요. 요즘에는 미국 드라마도 보는데 그걸 보니까 영어실력도 더 늘어나는 것 같아요!" 승권이와 지연이가 별난 아이들이어서 배움에 재미를 느끼는 것이 아닙니다. 누가 시키지 않아도 안 풀리는 수학문제를 끙끙 풀어본 경험, 엄마가 보낸 학원이라도 선생님과 즐겁게 공부하는 것이 좋았던 경험들은 모두 내적 동기의 효과라고 말할 수 있습니다.

그렇다면 내적 동기가 높은 아이들의 공부 자존감은 어떨까요? 이 아이들은 '내가 하고 싶어서' 배움을 찾게 됩니다. 타인의 인정이나 칭찬보다는 스스로의 만족감과 즐거움이 먼저였기 때문에 배움으로 인한 자신의 성장에 관심을 갖게 되는 것이죠. 행여나 기대하던 성적이 나오지 않더라도 쉽게 포기하지 않고 끈질기게 매달리는 도전의식도 가지고 있습니다. 때문에 내적 동기가 높은 아이들은 공부 자존감도 높고 학업에서도 높은 성취를 보입니다.

물론, 한국의 대부분의 학생들은 "엄마가 용돈을 올려준다고 해서", "이번에 시험 잘 보면 핸드폰을 사주신다고 해서" 등의 외적 동기로 공부를 하는 경우가 많습니다. 핸드폰을 위해 눈에 불을 켜고 공부하는 아이들을 보면 외적 동기의 힘이 훨씬 더 매력

적이고 강력한 것처럼 보이기도 합니다. 하지만 과연 그렇기만 할까요? 미국의 심리학자 에드워드 데시(Edward L. Deci)는 1971년 대학생들을 대상으로 진행한 연구에서 금전적 보상의 한계를 발견했습니다.

그는 학생들을 두 개의 그룹으로 나눈 후, 4일 동안 세 차례의 실험을 진행했습니다. 이들에게는 7개의 블록 쌓기와 3개의 그림 퍼즐 과제가 주어졌고, 과제를 수행하는 공간에는 성인잡지를 포함한 다양한 읽을거리들이 놓여 있었습니다. 매번 실험이 진행되는 동안 연구자들은 잠시 자리를 비웠으며, 연구자들이 자리를 비운 8분 동안 학생들은 하고 싶은 것을 해도 괜찮다는 설명을 들었습니다.

실험 첫날, 자유시간이 주어지자 두 그룹은 모두 퍼즐을 만지작거리며 시간을 보냈습니다. 둘째 날이 되자 연구자들은 A그룹에게 문제를 풀 때마다 1달러를 제공한다고 말했어요. 그러자 A그룹은 갑자기 퍼즐에 관심을 쏟기 시작했습니다. 연구자들이 제시한 1달러의 보상이 효과를 발휘한 것이죠. 하지만 셋째 날이 되자 연구진들은 A그룹에게 이제는 더 이상 1달러를 지급할 수 없다고 통보했습니다. 더이상 돈을 줄 수 없다는 이 말은 과연 어떤 영향을 주었을까요? 돈을 받았던 A그룹과 돈을 받지 않았던 B그룹은 연구진들이 자리를 비웠던 8분의 자유 시간에 차이를 보이기 시작했습니다.

처음부터 1달러를 받지 않았던 B그룹은 예전처럼 퍼즐을 가지고 놀았지만, 1달러를 받았던 A그룹은 퍼즐을 푸는 시간이 첫째 날보다 1분, 둘째 날보다는 2분이 감소한 것이죠. 앞서 공놀이를 하던 아이들을 몰아낸 지혜로운 할아버지의 이야기처럼, 이 실험은 외적 동기를 유발하는 금전적인 보상이 오히려 역효과를 낼 수 있다는 결과를 보여줍니다.

'흥미와 재미'가 내적동기?

그렇다면 외적 동기보다 더 강력하고 오래 지속되는 내적 동기를 유발하기 위해서는 어떻게 해야 할까요? 단순히 아이들이 재미있어하면 내적 동기가 유발되었다고 볼 수 있을까요? 저는 그렇지 않다고 생각합니다. 한번 예를 들어보겠습니다. 핸드폰 게임을 신나게 하는 아이들에게 매일매일 게임시간과 경기결과를 기록하고 자신의 성과를 체크한 뒤에 성찰일지를 쓰도록 하고, 프로그래머를 인터뷰한 뒤에 10년 뒤, 20년 뒤의 미래계획을 세우도록 하면 과연 얼마나 많은 아이들이 게임을 '재미있다'고 말할 수 있을까요? 아마 10퍼센트 정도의 아이들을 제외하고는 "이제 게임 안 할래요. 재미없어요!"라고 말할지 모릅니다.

내적 동기에는 흥미 이상의 것들이 있습니다. 재미로 시작했던 수많은 취미들을 한번 떠올려볼까요. 처음에는 각종 도구며 장비를 사들였다가 어느 샌가 흥미가 식어버려 창고에 먼지가 가득 쌓인 채 있지는 않은가요? 물론 흥미가 내적 동기를 유발하는 데 좋은 시작점이 될 수는 있습니다. 하지만 시간이 흘러도 쉽게 흔들리지 않고 오래 지속될 수 있는 견고함을 갖추기 위해서는 흥미 이상의 것이 필요합니다. 이와 관련하여 심리학계에서 크게 주목했던 이론이 있습니다. 바로 앞서 말한 실험의 진행자인 에드워드 데시(Edward L. Deci)와 리처드 라이언(Richard M. Ryan)이 제안한 '자기결정성' 이론입니다.

내적 동기를 견고하게 하는 세 가지 욕구

자기결정성이란 '자신의 삶을 스스로 디자인하는 능력'을 의미합니다. 자신이 삶의 주인이 되어 어떠한 삶을 어떻게 살아갈 것인지 스스로 생각하고 결정하는 것을 말하죠. 앞서 말한 내적 동기를 가지고 있는 사람이라면 이러한 능력을 가지고 있을 가능성이 높습니다. 데시와 라이언은 인간은 선천적으로 스스로 성장하고, 통합할 수 있는 잠재력을 가진 존재라고 보았습니다. 하지만 우리 모두가 항상 그렇게 살아갈 수 있는 것은 아닙니다. 누군가는 자신의 삶의 주인으로 능동적으로 살아가지만, 누군가는 능동적으로 살고 싶어도 다양한 이유로 수동적인 태도로 삶을 살아가기도 합니다. 그래서 데시와 라이언은 조건을 붙였습니다. 바로 '심리적 욕구'가 충족된 사람들만이 자신의 삶을 능동적으로 살아갈 수 있다고 말한 것입니다.

씨앗이 싹을 틔우기 위해서는 혼자만의 힘으로는 되지 않습니다. 설령 그 씨앗이 100년 넘게 자랄 수 있는 소나무의 씨앗이라고 하더라도 기름진 토양과 적절한 햇빛, 물과 거름 없이는 싹조차 틔울 수 없어요. 인간 역시 마찬가지 아닐까요? 아무리 우리가 성장할 수 있는 잠재력이 있다고 하더라도 그러한 잠재력을 경험하고 발휘해볼 기회조차 가질 수 없다면, 우리는 성장을 포기하게 됩니다. 데시와 라이언이 말한 '심리적 욕구'도 이와 비슷합니다. 그들은 사람이 살아가기 위해 의식주와 같은 생리적 욕구가 필요한 것처럼, 사람이 성장하기 위해서는 세 가지 심리적인 욕구가 충족되어야 한다고 보았습니다.

데시와 라이언이 말한 세 가지 심리적 욕구는 바로 자율성, 유능감 그리고 관계적 욕구입니다. 먼저 자율성은 외부 환경으로부터 강요받지 않고 자신이 선택을 통해 행동을 조절하는 것을 의미합니다. 어떤 문제집으로 어디에서 어떻게 공부할지 스스로 고민하고 결정하는 것, 하루 일과표를 스스로 정해보는 과정에서 아이들은 자율성 욕구가 충족되고 이때 내적 동기 스위치 역시 켜지게 됩니다.

하지만 공부 계획을 스스로 결정했다고 해도 자신이 잘 해낼 수 있다는 자신감을 갖지 못한다면 아이들은 쉽게 포기하고 맙니다. 이때 필요한 것이 바로 유능감입니다. 유능감이란 자신의 능력을 발휘하는 과정에서 느끼는 욕구를 말합니다. 자신의 수준에 맞는 문제를 풀면서 '오, 이거 할 만한데? 이것도 한번 해볼까?'라며 도전의식을 느끼는 경험, '아싸! 이번에는 맞았네! 이제 어떻게 하는지 알겠다'라며 모르는 문제를 풀었을 때 느끼는 희열이 아이들의 유능감을 형성합니다.

여기에 중요한 것이 한 가지 더 있습니다. 아이들이 자율성과 유능감을 잘 느낄 수 있도록 격려하고 믿어주는 주변 사람들입니다. 그래야 아이들은 더 신나고 즐겁게 자신의 성장을 위해 노력하거든요. 이것이 바로 관계성 욕구입니다. 관계성 욕구란 타인과의 상호 신뢰를 통해 느끼는 유대감과 안정감을 의미합니다. 예를 들어 교실에서 선생님과 친구들과 서로 유대감을 느낄 때 아이들이 더 즐겁게 참여하고, 수학선생님을 좋아할 때 수학을 더 열심히 공부하는 것과도 같습니다.

그렇다면 이러한 심리적 욕구는 어떻게 충족될 수 있을까요? 데시와 라이언은 아무리 인간이 이러한 심리적 욕구를 가지고 있다고 하더라도 저절로 욕구가 충족되는 것은 아니라고 말했습니다. 자율성과 관계성을 느끼기 위해서는 그러한 환경이 조성되어야 하고 유능감을 느끼기 위해서는 적절한 수준의 문제를 풀어야 하는 것처럼, 심리적 욕구가 충족되기 위해서는 이를 위한 환경적인 조건이 중요하다고 본 것입니다.

이 책에서는 아이들의 공부 자존감을 높이기 위한 구체적 방법으로 자율성, 유능감 그리고 관계성을 높일 수 있는 엄마의 말에 대해 소개하고자 합니다. 수십 년간 연구를 통해 증명된 과학적인 방법과 함께 제가 학교에서 수많은 아이들을 만나며 체득한 방법을 되도록 쉽게 전달하기 위해 노력했습니다. 아이들이 매일 듣는 것이 엄마의 말이라면, 일상의 평범한 엄마의 말이 아이들을 변화시키는 위대한 말이 될 수 있다는 것을 이 책을 통해 경험하셨으면 좋겠습니다.

자율성이란 결코 아이가 마음대로 행동하도록 두는 것이 아닙니다.
아이가 제멋대로 하도록 손 놓고 있는 것은
오히려 방임에 가까울 뿐, 진정한 자율성은
아이가 자신의 원칙에 따라 행동할 때 발휘됩니다.
자신의 올바른 기준에 따라 행동하고,
기준에 맞지 않는다면 때로는 과감히 포기하거나
참을 줄도 아는 것, 그것이 바로 자율성의 힘입니다.
그렇다면 부모로서 해야 할 역할은 무엇일까요?
바로 아이가 자신의 원칙을 세울 수 있도록 돕는 것입니다.

2장

자율성을 키워주는 엄마의 대화법 :

"스스로 공부해야 오래 갑니다"

> **아이가 자신의 원칙을
> 세우도록 도와주세요**

'바스락 바스락'

'이게 무슨 소리지?' 궁금증을 안고 대기실로 가니 정원이가 앉아 있었습니다. 책상에는 사탕 껍질이 한 가득이었어요. "어머 정원아, 이걸 네가 다 먹은 거야? 사탕을 엄청 좋아하나보구나. 그런데 이렇게 한꺼번에 먹어도 괜찮을까?" 소아비만 판정을 받은 정원이는 저를 흘겨보며 이렇게 말했습니다. "선생님, 엄마랑 교실에서 먹지 않기로 약속했단 말이에요. 여기는 교실 아니잖아요. 그냥 제가 하고 싶은 대로 하게 해주시면 안 돼요?"

"그냥 제가 하고 싶은 대로 하게 해주시면 안 돼요?"

"제 인생 제가 살고 싶은 대로 살면 안 되나요?"

학교에서 아이들에게 꽤나 많이 듣는 질문입니다. 아이들은 내 인생인데 왜 내 마음대로 정하지 못하느냐며 답답해합니다. 여기에서 부모님에게 반항하기로 결심한 아이들은 한걸음 더 나아가기도 해요. 아이가 수업시간에 계속 떠든다는 담임선생님의 이야기를 들은 지훈이 어머님은 오늘만큼은 그냥 넘어갈 수 없다고 생각하셨습니다. "지훈아, 학교는 공부하는 공간이야. 수업시간에는 우리가 수업을 듣기로 약속했잖니? 그러면 친구랑 떠들지 말고 수업 들어야지."

"네, 알겠어요"라는 대답이 나올 줄 알았던 지훈이 어머님은 지훈이의 대답에 기겁하셨습니다. "엄마, 나는 학교에 다니겠다고 한 적 없는데요. 엄마가 가야 한다고 해서 간 거란 말이에요. 그런데 왜 제가 교실에 앉아 있어야 해요? 저는 그렇게 하겠다고 한 적도 없다고요!" 이쯤 되니 지훈이 어머님의 참을성에도 한계가 왔습니다. "그래, 네 마음대로 해. 어디 학교를 다니던, PC방 가서 게임을 하던 네 인생 네가 알아서 살아!" 지훈이 어머님은 울먹이며 하소연을 하셨습니다. "선생님, 어떻게 지훈이가 이렇게 말할 수가 있죠? 사춘기라고 해도 이건 너무한 것 아닌가요? 아무리 아이들 생각도 들어주고 존중한다고 해도 그것도 어느 정도지요. 무작정 하고 싶은 대로 하라고 하면 도대체 아이들이 어떻게 되겠어요?"

불안해하지 말고, 우선 아이의 마음을 물어보세요

아이들의 자율성을 존중한다는 것은 양육에 있어서 매우 중요한 부분입니다. 인생의 주인으로서 스스로 생각하고 결정하고, 그에 대한 책임을 질 수 있도록 돕는 것에 반대할 부모는 아무도 없을 겁니다. 하지만 여기서 중요한 질문이 있습니다. 자율성은 과연 무엇일까요? "내가 살고 싶은 대로 살게 해주세요!"라는 말과 같이 아이가 자신의 인생을 살고 싶은 대로 두고 지켜보는 것이 아이의 자율성을 존중하는 것이라고 말할 수 있을까요? 자율성의 본래의 의미는 다음과 같습니다.

> **자율성**: 자기 스스로의 원칙에 따라 어떤 일을 하거나 자기 스스로 자신을 통제하여 절제하는 성질이나 특성

여기에서 재미있는 것은 자율성이란 결코 아이가 마음대로 행동하도록 두는 것이 아니라는 점입니다. 아이가 제멋대로 하도록 손 놓고 있는 것은 오히려 방임에 가까울 뿐, 진정한 자율성은 아이가 자신의 원칙에 따라 행동할 때 발휘됩니다. **자신의 올바른 기준에 따라 행동하고, 기준에 맞지 않는다면 때로는 과감히 포기하거나 참을 줄도 아는 것, 그것이 바로 자율성의 힘입니다.**

그렇다면 부모로서 해야 할 역할은 무엇일까요? 바로 아이가 자신의 원칙을 세울 수 있도록 돕는 것입니다. 현재 자신이 어떠한 상황에 있는지 올바로 이해하고, 자신이 어떠한 행동을 할 수 있고 어떠한 행동은 하면 안 되는 것인지 알려주는 것이 필요합니다.

"이번 수학시험 점수도 지난번이랑 비슷하네. 아무래도 학원을 한 군데 더 다니는 게 어때? 엄마 친구 미영이 알지? 미영이가 새로 다니는 학원이 있는데 학원 선생님이 정말 잘 가르친다고 하네. 선생님도 재미있다고 하고. 어때? 엄마랑 한번 가볼래?" 안 그래도 수학시험 점수가 잘 나오지 않아서 속상해하는 여진이에게 엄마는 불안한 눈빛을 보냈습니다. 그러자 여진이는 고개를 숙이며 끄덕거립니다. "괜찮아, 여진아. 수학은 기초를 튼튼히 쌓으면 되는 거야. 미영이가 다니는 학원 다니면서 다시 해보자. 엄마도 많이 도와줄게."

언뜻 보면 이 대화에는 별 문제가 없어 보입니다. 엄마는 여진이가 힘들어하는 부분을 알아차렸고, 아이가 도움을 받을 수 있도록 최대한 노력했으니 말이죠. 게다가 여진이의 의견을 물어보며 여진이가 의사를 표현할 수 있도록 기다려주기도 했습니다. 하지만 여기에도 분명 문제가 존재합니다. 과연 무엇이 문제인 걸까요?

"아이에게 좋은 건 제가 더 잘 알아요. 특히 학원 같은 건 정보력이잖아요. 다 우리 여진이 위해서 하는 건데요." 이렇게 말씀하시는 여진이 어머님의 말씀도 틀린 것은 아닙니다. 때로는 아이들이 무엇이 부족한지, 어떤 점을 보완하면 되는지 부모님이 더 빠르게 알아차리기도 합니다. 하지만 이 과정에서 놓치기 쉬운 부분이 있습니다. 자율성은 맘(mom)대로 한다고 해서 키워지는 것이 아니라는 겁니다.

"아이에게 좋은 건 제가 더 잘 알아요"라는 여진이 어머님의 말 속에는 '아이 스스로 하도록 두기에는 불안해요'라는 마음이 깔려 있습니다. 이대로 두면 아이의 성적이 떨어질 것 같다는 생각에 불안한 것입니다. 여진이 어머님은 '학원이라도 몇 개 더 다니면 알아서 공부를 하겠지'라는 생각에 정보력을 총동원하여 학원을 알아보셨습니다. 물론 불안해하는 여진이 어머님의 마음도 충분히 이해됩니다. 지금이 아니면 안 된다는 말, 우리 아이가 뒤처지면 모든 게 내가 제대로 도와주지 못한 탓이라는 생각이 하루에도 몇 번씩 불쑥불쑥 나타나 여진이 어머님을 괴롭히기 때문이죠. 하지만 이럴 때일수록 잊지 말아야 할 것이 있습니다.

첫째, 엄마의 불안감과 초조함은 아이에게 그대로 전달된다는 것입니다. 성적이 예상대로 나오지 않았다는 사실에 여진이도 속이 상할지 모릅니다. 그런데 이때, 나의 성적을 보고 엄마가 불안해한다면? 그때부터 여진이의 불안감은 증폭됩니다. '앞으로도 이런 성적만 나오는 거 아니야? 이러다 대학 제대로 못 가면 어떡하지? 취직도 못하고, 진짜 나 그러면 어떡해?' 한 번의 시험을 잘 치르지 못했을 뿐인데 엄마의 불안으로 증폭된 여진이의 불안감이 여진이의 미래까지 흔들리게 합니다.

둘째, 자율성의 힘은 바로 아이들 자신의 통제감에서 시작됩니다. 자신이 직접 고민하고 선택하여 성취하는 경험에서 아이들은 '내가 해냈어!'라는 희열을 맛보게 됩니다. 이러한 경험은 자신의 삶에 대한 주인의식도 고취시키고 내적 동기도 높아지게 해요. 하지만 자신의 선택이 아닌 엄마의 선택을 따르게 된다면 어떻게 될까요? 설령 성적이 잘 나온다고 하더라도 기쁨은 잠시뿐입니다. '난 혼자서는 안 돼, 앞으로도 엄마가 하라는 대로 해야겠다'는 생각에 불안감은 높아지고 엄마의 인정을 받아야겠다는 생각이 들게 됩니다. 외적 동기가 높아지는 것이죠.

> **아이의 말을 경청하며
> 무조건 공감해주세요**

아이들의 자율성은 아이 마음대로 하도록 허용한다고 해서, 또는 엄마의 마음대로 한다고 해서 길러지는 것이 아닙니다. 그렇다면 자율성은 도대체 어떻게 키워야 할까요? 이제부터 아이들의 자율성을 키우기 위한 엄마의 다섯 가지 원칙을 살펴봅시다.

> **대화**(對話): 마주 대하여 이야기를 주고받음

아이와 대화를 나누며 명심해야 할 것이 있습니다. **바로 대화는 취**

조가 아니라는 것입니다. 한 명이 일방적으로 물어보고, 다른 한 명은 묻는 말에만 대답하는 것은 취조입니다. 그렇기 때문에 감히 나의 속마음을 꺼내 보이려는 생각은 하지도 못합니다. 하지만 대화는 다릅니다. 대화는 안전한 상황에서 서로의 이야기를 주고받는 것을 의미해요. 궁금했던 것을 질문하고 대답하는 과정뿐만 아니라 자신의 이야기를 꺼내서 주고받는 것이 바로 대화입니다. 이러한 대화가 가능하기 위해서는 안정적인 분위기뿐만 아니라 서로 간의 신뢰가 기반이 되어야 합니다. '저 사람은 내가 어떤 이야기를 해도 일단 내 이야기를 들어줄 것이다'라는 믿음이 있어야 비로소 나의 속마음을 꺼내 보이며 이야기를 할 수 있습니다.

특히, 유아기와 청소년기의 아이들에게는 신뢰감을 경험하는 것이 매우 중요합니다. 자기 스스로에 대한 신뢰, 타인에 대한 신뢰, 세상에 대한 신뢰감을 경험해야 아이들은 비로소 세상 밖으로 나와 자신감 있게 행동하고 다른 사람들과 협력하며, 자신의 결정을 최선으로 만들기 위해 노력할 수 있게 됩니다. 하지만 만약 나와 가장 가까운 부모님마저 내 말을 들어주지 않는다면 아이들은 어떤 마음을 갖게 될까요? 궁지에 몰린 쥐가 고양이를 문다는 속담처럼, 아무리 말해도 소용없다는 생각을 하는 아이들은 점점 입을 다물거나 상황을 모면하기 위해 거짓말을 시작합니다. 이때 '어쭈? 이제 엄마한테 반항하는 거야?'라고 생각하면 큰 오산이에요.

두려움이나 불안, 흥분 같은 감정이 솟구칠 때 이성적으로 생각하고 판단해서 행동하는 것은 사실 어른들에게도 매우 어려운 일입니다. 생명의 위협으로부터 스스로를 지켜야 한다는 일종의 '신호'를 받으면 우리는 스스로를 보호하기 위해 자연스레 회피하고, 모면하기 바쁩니다. 아이들도 마찬가지입니다. 부모님에게 추궁당하면 아이들은 두려움에 빠지게 됩니다. 용기 있게 말해봤자 어떤 소득도 건지지 못할 것 같다는 마음에 입은 꾹 다물고 생각은 숨기기 바쁩니다. 자기 자신에 대한 신뢰감을 형성해야 하는 시기에 오히려 '내가 말해봐야 무슨 소용이 있겠어'라는 생각을 하면 스스로에 대한 믿음 역시 줄어들게 됩니다.

한번 생각해봅시다. 우리는 그동안 아이와 제대로 대화를 나눴던가요? 혹시 대화라는 이름 아래 다른 사람의 말만 듣고 (그게 아무리 담임선생님이라도) 아이의 마음을 넘겨짚거나 이미 다 알고 있다고 단정해버렸던 것은 아닌가요?

아이들은 주변 사람들이 자신을 대하는 태도를 거울삼아 자신을 대합니다. 우리가 아이의 생각을 존중하고 귀 기울여주는 모습을 보여줄 때, 아이들 역시 자신을 믿고 자신의 생각을 말하는 용기가 생겨요. **그래서 아이들의 자율성을 기르기 위한 첫 번째 원칙은 바로 '조건 없이 믿어준다'입니다.**

잠깐! 이것만은 조심하세요!

- ❌ **단정하기**: "오늘 담임선생님이 그러시는데 수업시간에 유나랑 떠들었다며?"
- ❌ **넘겨짚기**: "왜 계속 숙제만 하려고 하면 머리 아프다고 그러는 거야? 계속 꾀병 부릴래?"
- ❌ **추궁하기**: "오늘 학교에서 아무 일이 없었다고? 정말이야? 솔직하게 말해."

앞선 사례로 돌아가보겠습니다. 수업시간에 떠들었던 지훈이에게 무작정 엄마가 훈계하는 말을 하면 그때부터 불통이 시작됩니다. 엄마마저 내 마음을 알아주지 않고 선생님과 똑같이 혼낸다는 생각에 지훈이는 "엄마도 똑같아, 내 이야기는 왜 안 들어줘?"라며 입과 귀를 닫아버릴지도 모릅니다. 이렇게 엄마와 아이가 모두 감정경보기가 울리고 있는 상황에서 이성적인 대화는 더 이상 무리입니다. **이럴 때에는 일단 "그런 일이 있었구나"라고 말하며 한 템포 쉬어가보세요.** "그런 일이 있었구나"라는 말을 들으면 엄마가 내 이야기를 충분히 들어주고 있다는 생각에 아이는 단단히 잠갔던 빗장을 열게 됩니다.

그 다음에 "네가 아무 이유 없이 그러지는 않았을 것 같은데"라는 말을 통해 굳게 닫혀 있던 아이의 마음에 노크를 하시기 바랍니다. 이 말에는 아이의 인성은 탓하지 않으면서 아이의 행동은 궁금해하는 마음이 담겨 있습니다. 반면 "너 왜 그런 거야!"라는 말은 어떤가요? 이 말은 듣는 사람으로 하여금 자신의 인성과 인격을 공격하는 말처럼 들립니다. 이러한 엄마의 말에 아이가 자신의 마음을 차분히 이야기하기는 매우 어렵습니다.

불안하고 두렵고 놀란 아이의 마음에 필요한 것은 안정감입니다. 누군가 내 마음을 궁금해하고, 나에게 손을 내민다는 생각이 든다면 저절로 아이의 마음이 열리게 됩니다. '안정감'을 확보했을 때 아이들은 비로소 스스로 '생각'이라는 고차원적인 과정을 시작하게 됩니다.

"그러게. 내가 친구랑 왜 떠들게 된 거지?"

물론, 아이들이 자신의 상황을 모면하기 위해 둘러대거나 거짓말을 하는 경우가 있습니다. 이것은 아직 아이들이 불안하다는 신호입니다. 이때, 거짓말을 한다며 아이를 추궁하면서 혼을 낸다면 아이는 '거봐, 역시 내 생각이 맞았잖아'라며 다시 자신을 숨기기 바빠요. 이럴 때에는 아이에게 조금 더 시간을 주어야 합니다.

아이가 상황을 모면하려고 하거나 감정적으로 흥분했다면 우선 아이의 감정을 알아주는 것이 중요합니다. 먼저 엄마로서 말하고 싶은 욕심에서 한 걸음 물러나 아이의 마음을 들여다보는 것이 중요합니다. **"지훈이는 그런 적이 없었구나. 그럼 굉장히 억울했겠다. 화가 나기도 하고"**라는 엄마의 말은 지훈이의 모든 행동이 다 옳고, 잘했다고 말하는 것이 아닙니다. 다만 '정말 지훈이가 그렇게 느꼈다면 이런 마음일 수 있겠다'라며 추측하는 것일 뿐이에요. 하지만 엄마에게 이런 말을 듣는 것만으로도 아이는 엄마가 내 마음을 알아주었다는 생각에 마음이 편안해집니다.

엄마의 말 Q & A

Q. 아이 말을 곧이곧대로 믿는 것이 정말 좋은 건가요?

A. 물론 부모님 입장에서는 마치 아이의 말을 조건 없이 믿어주라는 원칙이 행여나 아이의 버릇을 나쁘게 만드는 것이 아닐까 염려될지도 모릅니다. 여기에서 아이를 조건 없이 믿어주자는 말은 아이의 말이 무조건 다 옳기 때문에 믿어주자는 말이 아닙니다. 아이가 설령 잘못된 행동을 하더라도, 그러한 이유가 있을 수 있으니 일단 그것을 믿고 아이가 말할 때까지 기다려주자는 것입니다. 아이가 거짓을 말하며 둘러댄다고 해서, 이 아이가 거짓말쟁이고 평생을 이렇게 거짓말만 하며 살 것이라는 생각을 하지 말자는 의미입니다. 불안한 마음에 거짓말로 둘러대는 아이의 마음을 알아주고, 아이가 불안해서 그러는 것일 뿐 앞으로 솔직하게 말하고 행동하리라는 믿음을 보여준다면 아이도 진실을 말해줄 것입니다.

그러니 아이를 믿어주세요. 그리고 그것을 엄마의 말을 통해 보여주시기 바랍니다. 나를 믿는 엄마의 마음을 보여준다면, 아이는 스스로 자신이 바른 삶을 살기 위해 노력합니다.

아이의 이유 궁금해 하기

: 그런 일이 있었구나. 그런데 우리 지훈이가 아무 이유 없이 수업시간에 친구랑 떠들었을 것 같지는 않은데 말이야, 혹시 어떤 일이 있었니?

엄마의 공감비법, 접속사 바꿔 쓰기

상황을 모면하려는 아이는 아직 불안감이 높은 상태입니다. 이때 내가 섣부르게 단정 짓고 아이를 판단하는 말을 한다면 아이의 불안감은 증폭될 수 있어요. 아이의 마음을 공감하는 쉬운 대화법이 있습니다. '그런데', '그러나'라는 접속사 대신에 '그리고', '그러면'이라는 접속사를 사용하는 겁니다. 아이의 말을 듣다가도 '그런데'나 '그러나'와 같은 말을 사용하면 결국에는 엄마가 하고 싶은 말을 할 뿐입니다. 이때 '그리고', '그러면'으로 바꿔보세요. 아이와의 대화가 훨씬 더 부드러워집니다.

지훈: 난 그런 적 없단 말이에요! 왜 저한테만 뭐라고 하세요?

✗ **엄마:** 어머, 지훈이는 그런 적이 없었구나. 그럼 굉장히 억울했겠다. 화가 나기도 하고. <u>그런데</u> 선생님도 이유가 있지 않으셨을까?

◯ **엄마:** 어머, 지훈이는 그런 적이 없었구나. 그럼 굉장히 억울했겠다. 화가 나기도 하고. <u>그러면</u> 선생님이 뭔가 오해하신 것 같은데, 그럴 만한 상황이 있었을까?

> **지시하지 말고,
> 원칙과 기준을 함께 만들어요**

"선생님, 아이가 음식점에서 뛰어다니고 싶다고 하면 그것도 내버려둬야 하는 건 아니죠?" '스스로'를 강조하다 보면 받게 되는 단골 질문입니다. 당연히 안 됩니다. 이것은 자율성의 뜻을 어렴풋이 알게 되어 생기는 걱정일 뿐입니다. 건강한 자율성을 키워주기 위해서는 아이에게 올바른 기준과 범위를 알려주고 범위 안에서 선택하고 책임질 수 있도록 도와야 합니다. 그래야 도돌이표처럼 서로 힘 빠지는 말싸움에서 벗어날 수 있어요.

> **건강한 자율성 =**
> 엄마의 기준(한계 설정) +
> 아이의 선택

    자기결정성이론의 창시자 데시와 라이언 역시 자율성에서의 한계 설정을 강조합니다. 데시는 그의 저서 『마음의 작동법』에서 무책임을 용납하거나 방임하는 것은 올바른 자율성이 아니라고 강조했어요. 우리는 "마음대로 해"라고 하는 대신, 아이가 세상에 존재하는 다양한 권리에 대해 이해하고 자신이 무엇을 할 수 있고, 하면 안 되는지에 대한 올바른 기준을 알려줘야 합니다.

    그렇다면 아이의 자율성을 침해하지 않으면서 엄마의 기준을 알려줄 수 있는 방법은 무엇일까요? **가장 좋은 방법은 함께 기준을 정하는 것입니다.** 학급규칙, 가족규칙 등을 부모와 교사가 일방적으로 알려주기보다는 회의를 통해 함께 정할 때 아이들은 보다 능동적으로 규칙을 지키기 위해 노력하게 됩니다.

    하지만 모든 상황에서 함께 의논을 할 수는 없는 노릇입니다. 식당에서 떠들면 안 된다는 규칙, 수업시간에 다른 친구들을 방해하면 안 된다는 규칙처럼 부모와 교사가 직접 기준을 정해주어야 할 때도 있습니다. 이때에는 **기준을 알려주는 방식**이 중요합니다.

    수업시간에 친구와 떠든 지훈이의 예로 다시 돌아가봅시다.

"학교에 가려고 한 건 내 선택이 아니라구요!"라고 말하는 지훈이에게 뭐라고 말하는 것이 좋을까요?

자율성이라는 의미를 잘못 이해한 채 "엄마가 가라고 했지만 너도 학교 안 간다고 말한 적은 없잖아?"라고 말하는 실수는 범하지 말아야 합니다. 이런 대응은 오히려 아이의 잘못된 논리에 휘말린 것일 뿐이에요. 이때 첫 번째 법칙에서 설명한 것처럼 지훈이의 마음을 충분히 들어준 다음에는 지훈이가 할 수 있는 올바른 행동에 대한 기준을 설명해주어야 합니다.

매일 가는 학교가 재미있을 수도 있지만 때로는 재미없을 수도 있습니다. 친구가 좋다고 해서 머리부터 발끝까지 모든 점을 좋아할 수 없는 것처럼, 아이들에게도 싫은 것이 있기 마련이거든요. **이때 원칙을 알려주어야 한다는 이유로 아이들의 감정까지 무시하거나 판단하는 실수를 범하지 말아야 합니다.** 누구나 자신이 억지로 무엇인가를 해야 한다면 좋았던 것도 갑자기 싫어지는 법입니다. 아이의 반응에 화가 나 "남들 다 가는 학교 안 갈 거야?", "그럼 커서 뭐가 되려고 그래?"라고 말한다고 해서 아이가 즐겁게 학교를 다닐 리 없습니다.

이럴 때에는 **지훈이의 마음을 알아주되 지훈이가 보지 못했던 것까지 볼 수 있도록 도와주는 엄마의 지혜가 필요합니다.** 학교에 가기 싫다고 하는 지훈이의 마음을 먼저 알아주세요. "맞아, 학교에 가는 게 힘들지. 엄마도 어렸을 때 그런 적이 있었어"라며 지훈이의 마음을 알아준다고 해서 "엄마도 그럴 수 있다고 했지! 그러니까 나 학교 안 갈 거야!"라는 말은 절대 하지 않을 테니, 이건 저를 믿고 안심하셔도 좋습니다.

아이 입장에서는 싫을 수도 있는 감정 그 자체를 판단하지 않고 인정해주었을 때, 비로소 자신의 마음을 조금씩 열기 시작합니다. 그러면 그 다음에는 엄마의 지혜를 발휘할 차례입니다. 아이와 대화하면서 어떤 점이 힘들었는지 질문해보세요. 힘들었던 아이의 마음을 인정해주되 아이가 미처 보지 못했던 측면도 함께 바라볼 수 있도록 설명해주는 것이 효과적입니다.

엄마는 그동안 내가 공부하는 것만 중요하게 생각하는 줄 알았는데, 친구 사귀는 것도 중요하다고 말해주시고 축구하는 것도 배우는 거라고 말씀해주시다니! 그동안 지훈이의 머릿속에 '학교 = 공부 = 시험 = 지긋지긋해'라는 공식이 있었다면, 이제는 지훈이에게 '학교 = 공부 = 배움 = 성장(수업, 친구, 놀이) = 즐거움'이라는 새로운 공식이 만들어질지도 모릅니다.

어떤가요? 아이의 감정을 인정하며 충분한 설명을 해주자 대화 내용에도 변화가 일어나게 됩니다. "학교에 가라고 한 건 엄마였잖아요!"라는 힘 빠지는 말싸움을 하지 않고도 아이가 힘들어하는 것이 무엇인지 제대로 바라볼 수 있습니다. 아이가 자신만의 원칙을 갖는 것이 자율성이라면, 그 원칙을 가질 수 있도록 돕는 것 역시 부모가 도와줘야 할 일입니다. **아이의 욕구를 인정해주되 아이가 할 수 있는 것과 하면 안 되는 것에 대한 행동기준을 알려주세요.** 자신이 가질 수 있는 다양한 선택지 중에서 선택하면 안 되는 것이 무엇인지만 알아도 아이들의 선택은 한결 쉬워집니다.

Tip

"학교에 가려고 한 건 내 선택이 아니라고요!"라고 말하는 아이에게_원칙 알려주기

"맞아. 학교에 가는 게 힘들 수 있어. 공부하는 게 어려울 수도 있고(욕구 인정). 그렇지만 학교에서 배우는 공부는 단순히 시험을 잘 보기 위해서는 아니야. 내가 몰랐던 걸 새롭게 배우고 알아가면서 생각의 힘을 배울 수 있단다. 그리고 엄마는 학교에서 수업시간에 배우는 것만 중요하다고 생각하지는 않아. 지훈이가 친구들을 사귀는 것, 축구하고 재미있게 노는 것 역시 배우는 과정이라고 생각해."

잠깐! 앞에서 '접속사 바꿔 쓰기'를 강조했다고 해서 "그러나, 그런데"라는 말을 전혀 하지 말라는 것이 아닙니다. 강조해야 할 것을 알려주기 위해서는 이러한 접속사도 필요하답니다!

Tip

한계설정과 잔소리의 차이점은 무엇일까요?

- 잔소리와 한계설정의 차이점은 바로 대화 순서에 있습니다. 잔소리는 아이의 욕구를 인정하지 않은 채 아이에게 행동에 대한 기준을 설명한다면 **한계 설정은 아이의 욕구를 충분히 인정해준 뒤에 아이가 행동해야 하는 올바른 기준을 설명합니다.** 대화 순서만 다르게 해도 아이와의 대화가 한결 쉬워질 수 있습니다!

- 잔소리와 한계 설정은 사용하는 언어가 다릅니다. 잔소리는 "꼭, 반드시, ~ 해야 해"와 같은 통제적인 명령어를 사용하는 반면 한계를 설정할 때에는 "~는 ~가 좋겠다"와 같이 아이들이 스스로 결정할 수 있도록 기회를 주면서 부드럽게 제안하는 어조를 담고 있습니다.

> 열린 질문으로
> 생각의 힘을 길러주세요

"도서관이 시끄럽다면 어떤 일이 일어날까요?" 이렇게 질문하면 아이들은 이렇게 대답할 것입니다. "시끄러우면 안 돼요!", "다른 사람을 방해해요!", "도서관에서는 조용히 해야 해요!" 하지만 정말 도서관은 조용해야 할까요? 세상에서 가장 시끄러운 도서관이 있습니다. 바로 유대인의 도서관 '예시바'입니다. 유대인이 있다면 반드시 존재한다는 예시바는 늘 시끄럽고 북적거립니다. 절대 정숙을 지켜야 하는 도서관이 시끄러운 이유는 바로 유대인들의 독특한 공부법 때문입니다. 유대인들은 서로 질문을 통해 대화하고 토론하면서 성장한다고 생각해요. 그래서 전 세계를 주름잡는 유대인들의 성장비법은 '질문'이라고 해도 과언이 아니라고 할 수 있습니다.

그렇다면 모든 질문이 좋은 것일까요? 꼭 그런 것만은 아닙니다. 질문에도 좋은 질문과 나쁜 질문이 있습니다. 좋은 질문과 나쁜 질문을 가릴 수 있는 기준은 바로 **"이 질문이 아이의 생각을 열 수 있도록 돕는가?"**입니다. 질문의 가장 큰 힘은 생각을 자극한다는 것인데 오히려 질문이 생각을 멈추게 한다면 결코 좋은 질문이라고 볼 수 없습니다. 나쁜 질문의 대표적인 예가 바로 '답·정·너(답은 정해져 있고 너는 대답만 하면 되는)' 질문입니다. "네", "아니오"라고 답하면 되는 답·정·너 질문은 오히려 아이의 생각을 닫아 버립니다.

반대로 정확한 정답이 없는 열린 질문은 아이를 고민에 빠지게 합니다. '나는 어떻게 행동했지?', '그렇게 행동한 이유는 무엇일까?', '내가 원하는 건 뭐지?'라는 고민은 아이로 하여금 스스로를 돌아보며 생각에 잠기게 해요. 만약 **엄마의 질문에 아이가 골똘히 머리를 굴리며 생각에 잠긴다면 그 질문은 좋은 질문이라고 볼 수 있습니다.**

잠깐! 이것만은 조심하세요!

좋은 질문으로 생각의 힘 길러주기

지훈: 짝이 먼저 장난치고 말을 걸어서 어쩔 수 없이 대답해주느라 그런 거예요.
엄마: 저런, 그래서 선생님이 오해하신 거구나. 그러면 **앞으로는 어떻게 하면 좋을까?**

열린 질문이 좋은 질문인 또 하나의 이유가 있습니다. **열린 질문은 몰입을 가능하게 합니다.** 미하이 칙센트미하이(Mihaly Csikszentmihalyi)는 그의 저서『몰입의 기술』에서 "사람은 힘들고 가치 있는 것을 달성하기 위해 자발적으로 노력할 때 최고의 순간이 찾아온다"며 몰입이 가능하기 위해서는 자율성이 중요하다고 말했습니다. 아무리 힘들더라도 스스로 판단하고 주도성을 발휘하여 성취해낼 때 몰입이라는 즐거움이 동반된다는 것입니다. 이런 이야기를 하면 많은 부모님들은 이렇게 말씀하십니다. "뭐라도 하면 말을 안 하죠, 그런데 안 하잖아요! 그럼 어떻게 해요?"

물론 부모님들의 하소연이 틀린 것은 아닙니다. 아이들이 스스로 목표를 세우고 배움을 즐길 수만 있다면 그것을 응원하지 못할 부모는 없으니까요. 다만 아이들의 몰입을 돕기 위해서는 한 가지 필요한 것이 있습니다. **바로 나만의 'WHY'를 찾는 거예요.** 엄마가 시켜서 억지로 하는 것이 아니라 자신이 왜 이것을 해야 하는지 알게 되었을 때 아이들은 비로소 행동에 옮기게 되고, 자연스레 몰입하게 됩니다. **이렇게 나만의 'WHY'를 찾아보는 것이 바로 열린 질문입니다.**

"선생님, 선생님이랑 이야기하면 계속 당황하는 거 있죠." 저와 대화를 나누던 선영이는 웃으며 말했습니다. "선생님이 계속 질문을 하시니까, 이전에는 이런 생각을 해본 적이 없었는데…… 처음 해보는 것 같아요." 상담실에서 열린 질문을 사용하면 아이들은 되레 당황합니다. 잔소리를 들을 줄 알았는데 선생님이 자신의 예측과는 다르게 계속 '질문'하기 때문이죠. 선영이는 저 때문에 생각이 많아진다고 했습니다.

"선생님 있잖아요, 제가 이제는 상담실에 오기 전에 제가 왜 그런 마음이 들었고 왜 그렇게 행동했는지 이런저런 생각을 해보거든요? 선생님이 이런 걸 물어보시겠지? 이런 생각이 들어서 저도 미리 생각을 해본단 말이에요. 그러니까 제 마음을 더 잘 알게 된 것 같아요."

열린 질문은 아이들을 분명 당황스럽게 합니다. 하지만 그 덕에 선영이는 자신의 마음을 들여다보며 자기 스스로와 대화할 수 있는 힘을 기르게 되었습니다.

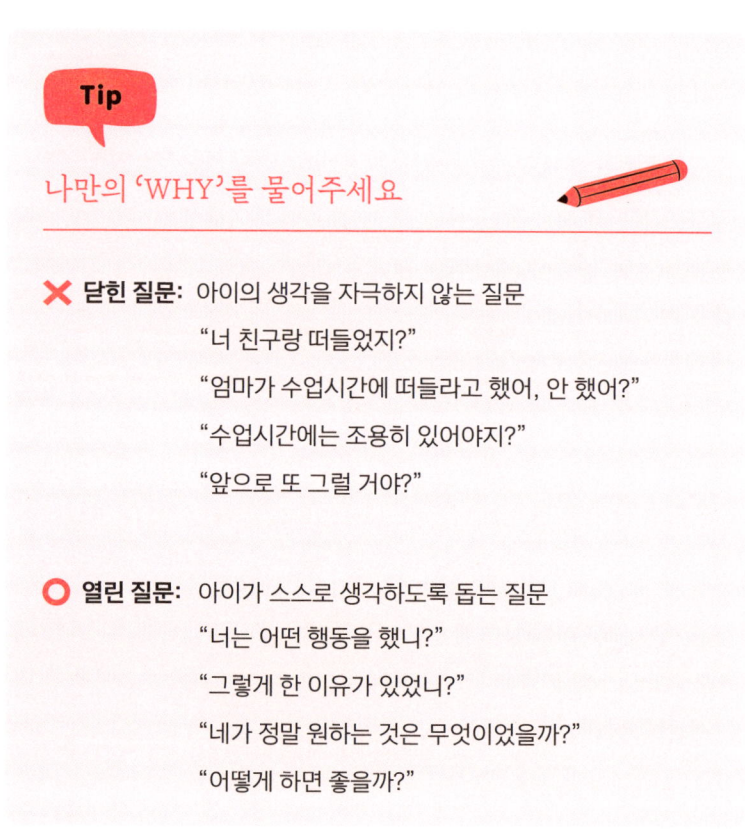

Tip

나만의 'WHY'를 물어주세요

✘ **닫힌 질문:** 아이의 생각을 자극하지 않는 질문
"너 친구랑 떠들었지?"
"엄마가 수업시간에 떠들라고 했어, 안 했어?"
"수업시간에는 조용히 있어야지?"
"앞으로 또 그럴 거야?"

◯ **열린 질문:** 아이가 스스로 생각하도록 돕는 질문
"너는 어떤 행동을 했니?"
"그렇게 한 이유가 있었니?"
"네가 정말 원하는 것은 무엇이었을까?"
"어떻게 하면 좋을까?"

엄마의 말 Q & A

Q. "아이가 계속 안 한다고 고집을 부리면 어떡하죠?"

A. 아이와 대화를 나눌 때 아이가 계속 고집을 부리며 자신의 행동을 바꾸지 않으려고 할 때가 있습니다. 이럴 때에는 아이가 행동을 **지속하고 싶어 하는 이유**를 탐색해주세요. 아이가 자신의 고집을 버리지 못하는 이유를 함께 탐색하면 아이가 변화에 대한 어떤 두려움이 있는지 파악할 수 있습니다.

엄마: 지훈이가 수업시간에 친구랑 계속 **떠들고 싶은 이유**가 있을까?
지훈: 성광이 말을 안 들어주면 성광이가 저랑 안 놀아준단 말이에요.
엄마: 지훈이는 성광이와 멀어질까 봐 걱정이 되는구나.

> "어떻게 하면 좋을까?"
> 아이가 고민할 시간을 주세요

앞 장에서 소개한 열린 질문을 통해 아이들이 자신의 마음을 들여다보았다면 이제는 'HOW'에 집중해야 할 차례입니다. 지훈이 어머님은 저와 이야기하며 한숨을 쉬셨습니다. "선생님, 수업시간에 조용히 하기로 하면 뭐 해요, 뒤돌아서면 잊어버리는걸요." 지훈이가 분명 엄마와 약속을 했는데 오늘도 수업시간에 짝꿍과 장난을 친 모양입니다. "수업시간에 조용히 하기로 했으면 조용히 해야지. 왜 그걸 못하니? 너 계속 그럴 거야?" 지훈이 어머님은 답답한 마음에 지훈이를 혼내셨다고 했습니다. 뒤돌아서면 금세 또 잊어버리는 지훈이는 과연 무엇이 문제인 걸까요?

지훈이가 뒤돌아서면 잊어버리는 데에는 두 가지 이유가 있습니다. 우선 **첫 번째로는 전두엽의 미성숙 때문입니다.** 뇌의 전방에 있는 전두엽 중에서도 앞쪽에 위치한 전전두엽 부위는 목표를 설정하고 행동을 수행하고 조절하는 역할을 담당합니다. 즉 인지와 학습, 종합적인 분석과 평가에 해당하는 고등기능이 바로 전두엽에서 이루어지는 것입니다. 이때 전두엽이 잘 발달되어 있다면 짝꿍이 자신에게 말을 걸어도 '안 돼, 나는 수업시간에 조용하기로 약속했잖아'라는 다짐을 상기시키며 수업시간에 떠들지 않을 수 있을 것입니다. 하지만 안타깝게도 청소년기 전두엽은 아직 '공사 중'입니다. 전두엽의 영역은 평균적으로 여성은 24세, 남성은 30세에야 어느 정도 완성이 된다고 하니 어쩌면 아이들이 자신의 생각을 행동에 옮기는 데 어려움을 겪는 것은 당연한 일일지도 모릅니다.

지훈이가 뒤돌아서면 까먹을 수밖에 없었던 **두 번째 이유는 'HOW'를 모르기 때문입니다.** 여러분은 아이가 '그냥 열심히' 공부하기를 바라시나요? 아니면 '효과적으로' 공부하기를 바라시나요? 두말할 것 없이 후자일 겁니다. 시험성적이 나오지 않아 속상해하는 아이에게는 사실 "너 몇 시간 공부했니?"라는 질문보다는 "시험 준비는 어떻게 했니?"라는 질문을 하는 것이 효과적입니다. 같은 시간을 의자에 앉아 있었다고 하더라도 암기법, 노트 필기법, 시간 활용법과 같은 효과적인 방법을 터득한 아이는 시험결과에서도 차이를 나타내기 때문이죠. 지훈이도 마찬가지입니다. 지훈이에게는 '그냥' 조용히 수업을 듣는 것이 아니라 '어떻게' 수업에 집중할 수 있는지 방법을 알려주는 것이 더 필요합니다.

그러면 아이가 자신이 계획한 것을 행동으로 옮기기 위해서는 어떤 도움을 주는 것이 좋을까요? 독일 콘스탄츠 대학교의 페터 골위처(Peter Gollwizer) 교수는 행동을 성공에 옮기기 위해서는 실행의도(implementation intention: 자신이 언제, 어디서 행동할지 사전에 미리 계획을 세우는 것)를 가지는 것이 중요하다고 강조했습니다.

크리스마스 휴가 전날, 숙제를 내준다면 학생들은 과연 얼마나 완성할 수 있을까요? 골위처 교수는 실행의도의 효과를 실험으로 증명했습니다. 크리스마스 휴가 전날, 그는 대학생들을 두 그룹으로 나눠 똑같은 에세이 과제를 내주었습니다. 그리고 첫 번째 A그룹에게는 언제 어디에서 그 과제를 할 것인지 계획을 적어보도록 했고(ex. 나는 크리스마스 다음날 아침 10시에 내 방 책상에서 과제를 할 것이다), B그룹에게는 어떠한 언급도 하지 않았죠. 그리고 크리스마스 휴가가 끝나자마자 숙제를 걷어 검사했습니다.

결과는 어땠을까요? 자신의 실행의도를 적었던 A그룹의 학생들은 3분의 2가 모두 과제를 완성한 반면 B그룹의 대부분의 학생들은 과제를 제출하지 못했습니다. 대학생들조차 달콤한 크리스마스 휴가를 누리면서 자신이 해야 할 과제는 '깜빡'한 것입니다. 하지만 'HOW'를 알았던 학생들은 달랐습니다. 그들은 실행의도를 작성해보며 스스로 행동을 결정했고, 이를 실행에 옮기며 달콤한 크리스마스 휴가의 유혹을 물리칠 수 있었습니다.

아직 전두엽이 미성숙한 아이들을 돕기 위한 부모의 역할이 바로 여기에 있습니다. **우리는 아이가 스스로 'HOW'를 생각해보고 이를 효과적으로 행동에 옮길 수 있도록 도와줘야 합니다.** 아이를 키우다 보면 답답할 때가 분명 있습니다. "이럴 땐 이렇게 해야지!"라고 간단하게 말해주기만 하면 해결될 것 같다는 마음에 조바심이 앞설 때도 많습니다. 하지만 이런 엄마의 말은 아이가 저학년이 지나면 한계점에 이르게 됩니다. 3학년만 되더라도 아이들은 자신의 생각에 따라 주도성을 발휘하고 싶은 욕구가 생겨버리거든요. 자신의 마음대로 행동하고 싶지 다른 누군가가 하라는 대로 따라하는 것은 싫다는 것입니다. 그러다 보니 아이들에게 엄마의 말은 나를 혼내는 잔소리로밖에 들리지 않습니다. 아이에게 하고 싶은 말은 잠시 뒤로 미뤄보세요. **아이가 나의 말을 흘려듣게 하지 않기 위해서는 아이가 먼저 충분히 고민해보는 시간이 필요합니다.**

아이의 생각을 실행하게 만드는 원동력, 'HOW'

① "어떻게 하면 좋을까?"라는 질문을 통해 아이가 스스로 생각하도록 도와주세요.
② 아이의 생각을 행동에 옮기기 위해 구체적인 행동방법을 정해봅니다. (만약 ~ 하면 나는 ~ 할 거야!)
③ 역할극을 통해 다양한 상황에 대처해보도록 연습합니다.
④ 구체적인 피드백을 통해 아이가 자신의 행동을 습관화할 수 있도록 격려해주세요.

엄마: 짝이 계속 말을 걸어서 집중이 안 됐구나. 그러면 지훈아, 어떻게 하면 좋을까? ①

지훈: 짝이 나한테 말을 걸면 쉬는 시간에 이야기해보자고 할래요. ②

엄마: 오! 좋은 생각이다. 그런데 만약 짝궁이 계속 말을 걸면 어떡하지?

지훈: 음……

엄마: 그럴 때는 "안 돼, 이따가 얘기해"라고 확실하게 한 번 더 이야기해주면 어때?

지훈: 좋을 것 같아요!

엄마: 오! 좋아 좋아. 그러면 엄마랑 한번 연습해볼까? 엄마가 짝꿍 역할을 해볼게. ③

(2일 뒤에)

엄마: 지훈아, 담임선생님이 요즘에는 지훈이가 수업시간에 집중한다고 칭찬하시더라. 그래도 그게 쉬운 일은 아닌데. 열심히 노력하고 있구나. ④

> **아이의 속도를 인정하고
> 기다려주세요**

"그냥 엄마가 알아서 해주시면 안 돼요?" 아이들이 이런 말을 할 때가 있습니다. 자신의 마음대로 착착 진행되면 좋겠는데 그게 잘 되지 않아 답답할 때입니다. 빨리 부모님과 선생님께 칭찬을 받고 싶은데 나보다 옆에 앉은 친구가 금세 뚝딱 해내는 모습을 보면 조바심이 나 쉽게 포기해버리게 됩니다. 하지만 이러한 과정에서 쉽게 포기하는 것을 '학습'하면 아이들은 어느 순간부터 스스로를 믿지 못하게 됩니다.

'어차피 잘 안 될 텐데 뭐.'

'내가 뭘 잘하겠어.'

'나는 왜 이래.'

스스로를 믿지 못하고 포기하는 것에 익숙해진 아이들은 쉽게 남에게 의지하기 시작합니다. "네가 알아서 해", "나는 다 좋아"라는 말로 자신의 생각을 드러내길 꺼려하는 것이죠. 이럴 때는 아이가 자신의 속도를 인정하고 스스로에 대한 믿음을 기를 수 있도록 도움을 주는 것이 필요합니다.

빨리 안 해? vs 꼼꼼히 하려고 하는구나

"선생님, 애들이 얼마나 다른지 몰라요. 수학 문제를 풀더라도 저희 첫째 혜진이는 빠르게 풀고 남은 시간에는 점검을 하는데 둘째 선아는 느긋하게 푸는 거 있죠? 시간이 얼마 남지 않았다고 해도 빨리 하는 걸 못하더라고요. 보는 제가 더 초초하고 걱정이 되는데도 선아는 세상에서 제일 느긋한 표정을 지어요. 정말 답답해요."

느긋한 선아를 답답해하는 어머님에게 저는 "어머님, 첫째 혜진이는 빠르게 문제를 푸는 대신 가끔 계산 실수를 하거나 문제를 잘못 읽는 경우도 있지 않나요? 대신 선아는 천천히 풀어도 실수로 틀리는 것은 적을 것 같아요"라고 말했습니다. 그러자 어머님은 깜짝 놀라시며 "어머! 맞아요. 선생님 어떻게 아셨어요?"라고 대답하셨습니다.

우리가 좋아하는 색깔이 저마다 다르듯이 아이들도 저마다 다른 문제 해결방법을 가지고 있습니다. 첫째 혜진이는 문제를 빠르게 푸는 스타일이지만 가끔 실수를 할 때가 있으니 빠르게 풀고 다시 한 번 점검을 해야 마음이 편안하다고 말했습니다. 반면 둘째 선아는 문제를 빠르게 풀면 오히려 불안하니 차근차근 천천히 풀 때 긴장감도 줄고 오답률도 적어진다고 말했어요.

하지만 이때 만약 문제를 빨리 푸는 혜진이에게 문제를 천천히 한 번에 풀라고 하고, 반대로 느긋한 선아에게는 빠르게 문제를 풀고 재점검을 하도록 한다면 어떻게 될까요? 아이들은 아이들대로 스트레스를 받고 오답률도 증가할지 모릅니다. 사자에게 풀을 먹으라고 하고 기린에게 고기를 먹으라고 하는 격입니다. 이미 아이들은 자신만의 스타일로 문제를 해결하고 있는데, 이것을 한 가지의 잣대로만 판단하려고 할 때 문제가 생겨버리는 것입니다.

아이와 나의 문제 해결방법이 다를 때 이를 나의 기준으로만 판단하는 것은 자칫 아이의 속도를 무시하는 결과를 초래할 수 있습니다. "빨리 안 해?"라며 나의 성에 차지 않는 아이를 채근하는 것은 아이를 더욱 불안에 빠지게 합니다. 이럴 때에는 아이와 내가 다른 것이 당연하다는 것을 '인정'하고 아이의 속도를 지켜봐 줄 필요가 있습니다. **느긋한 선아에게 필요한 것은 엄마의 독촉이 아니라 본인의 노하우입니다.** 평소에는 느긋하더라도 시간분배를 잘한다던지, 문제를 빨리 읽는다던지 등의 방법을 통해 제한 시간 내에 문제를 다 풀기 위한 자신만의 노하우를 경험을 통해 길러야 합니다.

느긋하게 문제를 푸는 선아에게는 "꼼꼼히 하려고 하는구나"라며 아이의 상황을 있는 그대로 표현해주는 것이 좋습니다. 엄마의 이러한 말을 들으면 선아는 엄마가 자신이 노력하는 모습을 알아봐준다는 생각에 뿌듯할 것입니다. 만약 제한 시간 내에 다 하지 못할 것 같아 걱정이라면 "이제는 시간이 10분 정도 남았네"라며 다시 상황을 설명해주고 남은 10분을 기다려주는 것이 좋습니다.

미리 정한 시간 내에 푸는 것이 어려웠다면 아이가 문제를 다 푼 뒤에 대화를 나눠보세요. 어려운 점은 없었는지, 시간 내에 다 풀지 못해서 마음이 속상하지는 않았는지 물어보며 아이가 자신의 생각을 먼저 이야기할 수 있도록 도와주시기 바랍니다. 아이도 스스로 어려움을 경험해봐야 다른 방법을 비로소 고민하게 됩니다. 시도해보고 실수하는 과정에서 노하우가 생기거든요. 아이가 경험을 통해 배울 수 있도록 기다려주는 것은 어른들의 몫입니다.

성격이 느긋한 아이를 위한 엄마의 말

- 아이를 다그치려고 하지 말고 먼저 아이의 모습을 스스로 자각할 수 있도록 설명해주세요.

문제를 천천히 풀고 있을 때: "꼼꼼히 하려고 하는구나."
시간이 얼마 남지 않았을 때: "이제 시간이 10분 정도 남았네."
문제를 다 푼 뒤에: 문제를 풀 때 어려운 점은 없었니? 꼼꼼히 하고 싶었는데 시간이 부족해서 아쉬웠겠다(아이의 감정 인정). 이럴 때는 어떻게 하면 좋을까?

이게 확실해? vs 차근차근 살펴볼까?

진우는 의기소침한 얼굴로 저를 찾아왔습니다. "선생님, 저는 너무 덜렁거리는 것 같아요." 진우는 학원에서 시험을 볼 때 다 아는 문제도 자꾸 틀린다고 하소연했습니다. 가장 긴장이 될 때가 언제냐고 물어보니 진우는 뜻밖의 대답을 했습니다. "저는 엄마랑 공부를 할 때가 가장 긴장돼요. 엄마가 제가 문제를 풀 때마다 '이게 확실해?'

라고 물어보시거든요. 자꾸 그런 소리를 들으니까 제가 계속 잘 못하는 것 같고 걱정이 돼요. 그러니까 시험을 볼 때에도 엄마 목소리가 계속 들리는 것 같아요. 저 괜찮은 걸까요?"

진우는 실력에 비해 실수가 잦은 학생이었습니다. 의욕이 앞선 나머지 빠르게 문제를 풀다 보니 실수를 많이 했어요. 이런 진우의 모습에 진우 어머님은 답답해하셨습니다. "선생님, 진우가 다 아는 문제를 자꾸 틀리니까요, 너무 화도 나고 속이 상하더라고요. 실수를 하지 말라고 해도 계속 하니까 이제는 제가 먼저 되물어보게 돼요. 그런데 그게 진우에게는 스트레스가 되었나 보네요. 이럴 땐 어떻게 하면 좋을까요?"

실수가 잦고 덜렁거리는 아이를 보면 부모는 답답합니다. 실력에 비해 성적이 잘 나오지 않다 보니 아이의 실력이 평가절하된다고 생각하는 것입니다. 그러다 보니 "정말이야?", "이게 확실해?"라는 말로 아이에게 자꾸 확인을 합니다. 이 말이 아이에게 도움이 되면 좋겠지만 사실 아이들은 점점 겁이 납니다. 자신이 잘하고 있는 줄 알았는데 계속 실수가 보이고 엄마는 나를 자꾸 다그치니 스스로 주눅이 드는 것이죠. 그러다 보니 아이들은 문제를 푸는데 예전같이 속도감이 나지 않고 계속 주저하게 됩니다. 진우 역시 마찬가지였습니다. 어느 순간부터 진우는 덜렁거려서 문제를 틀리는 것이 아니라 불안감이 높아 문제를 틀리게 되었거든요.

이럴 때에는 아이들의 실력을 검사하고 확인하는 태도보다는 '함께 점검'하는 모습을 보여주어야 합니다. 아이가 문제를 푸는 일거수일투족을 감시해서 실수하는 바로 그 순간을 발견해내야겠다는 탐정의 태도는 버리는 것이 좋습니다. 아이와 한 단계 한 단계 함께 알아간다는 엄마의 태도를 경험할 때 아이들은 비로소 마음이 편안해집니다. 아이가 실수를 보인다면 아이를 다그치기보다는 "어랏? 우리 한 번만 더 차근차근 살펴볼까?" 하며 아이가 스스로 자신의 실수를 발견할 수 있도록 도와주시기 바랍니다.

이때 아이가 자신의 실수를 발견하면 "우와! 이걸 발견했구나!"라며 스스로 발견한 것을 칭찬해주세요. 그리고 아이가 문제를 다 푼 뒤에는 "실수를 발견하는 게 쉬운 일이 아닌데, 이제는 검토도 잘하네"라고 말하며 아이가 검토하는 자세를 기를 수 있도록 도와주시기 바랍니다. 스스로 성공 경험을 이룬 아이들은 그 순간을 잊지 않고 기억하게 됩니다.

실수가 잦은 아이를 돕는 엄마의 말

- 아이의 어려움을 발견해야겠다는 마음보다는 아이와 함께 알아간다는 모습을 보여주세요.

실수를 보였을 때: "우리 한 번만 더 차근차근 살펴볼까?"
아이가 자신의 실수를 발견했을 때: "우와! 그걸 발견했다니!"
문제를 다 푼 뒤에: "실수를 발견하는 게 쉬운 일이 아닌데, 이제는 검토도 잘하는구나."

자신이 다른 친구들보다 뛰어나다고 느끼는
'유능감'을 가질 때 아이들은 그 활동에 보다 관심을 보이고
자신의 능력을 더 발전시키기 위해 노력합니다.
그래서 아이들에게 '재미있는 과목'에 대한 기준은
바로 "나는 얼마나 잘할 수 있는가?"와 같은 '유능감'입니다.
아이들의 유능감을 키워주기 위해서는
어떻게 하면 좋을까요?
원칙은 간단합니다.
잘하고 싶은 아이들의 마음을 알아주면 됩니다.

3장
유능감을 키워주는 엄마의 대화법:

"자기를 믿어야 공부 욕심이 커집니다"

> 잘하고 싶은 아이들의
> 마음을 알아주세요

"제가 수학을 싫어하는 이유요? 재미가 없잖아요." 유진이는 당연하다는 표정으로 말했습니다. "수학이 재미가 없구나, 그러면 유진이네 반 친구들은 수학 다 싫어해?" 저의 이러한 질문에 유진이는 다시 한 번 어이없다는 눈빛으로 저를 쳐다보며 말했습니다. "당연하죠. 제 친구들도 다 수학 싫어해요. 아! 그런데 딱 1명 있어요. 소연이 있죠? 소연이는 수학이 재미있대요. 수학도 잘하고 성적도 잘 나와요. 진짜 신기해요. 수학이 뭐가 재미있는지."

아이들에게 '재미있다'의 기준은 무엇일까요? 유진이와의 대화에서 발견한 '재미'는 바로 '자신이 잘하는 것'입니다. 유진이는 자신이 잘하는 국어 과목은 재미있다며 좋아했지만 자신이 잘 못하는 수학은 재미가 없다며 흥미를 보이지 않았습니다. 사실 이것은 유진이만의 특징이 아닙니다. 사람은 누구나 자신이 잘하는 것에 흥미를 보이고 자신의 역량을 펼치려고 합니다. 아이들 역시 마찬가지예요. 자신이 다른 친구들보다 뛰어나다고 느끼는 '유능감'을 가질 때 아이들은 그 활동에 보다 관심을 보이고 자신의 능력을 더 발전시키기 위해 노력합니다. 그래서 아이들에게 '재미있는 과목'에 대한 기준은 바로 "나는 얼마나 잘할 수 있는가?"와 같은 '유능감'입니다. 아이들의 유능감을 키워주기 위해서는 어떻게 하면 좋을까요? 원칙은 간단합니다. **잘하고 싶은 아이들의 마음을 알아주면 됩니다.** 자신도 잘하고 싶고, 인정받고 싶고, 그래서 때로는 실패가 두렵기도 한 마음이 아이들에게도 있다는 것을 알아주기만 해도 아이들의 유능감은 살아납니다. 이러한 유능감의 원리에 대해 동의하지 못할 부모님은 없을 겁니다. 그리고 어쩌면 대한민국의 부모라면 아이들이 유능감을 가지고 자신의 능력을 자유롭게 펼치기를 그 누구보다도 바라고 있을지도 몰라요. 하지만 그동안 도대체 무엇이 잘못된 걸까요? 유능감을 키워주기 위해 부모가 쏟았던 무수한 노력에도 불구하고 아이들은 여전히 낮은 자존감을 가지고 위축되어 있으며, 학업 스트레스로 비관하여 목숨까지 끊는 일이 여전히 발생하고 있습니다.

격려가 독이 될 수 있어요

달리기 선수가 열심히 달리고 있지만 잘못된 방향으로 달리고 있다면 어떻게 될까요? 가야 할 방향과는 전혀 다른 방향으로 달리고 있다면 제아무리 우사인 볼트라고 하더라도 승리를 거두기는 어렵습니다. 대한민국의 부모 역시 마찬가지입니다. 아이가 유능감을 느끼기를 원하는 마음에 격려를 아끼지 않았지만 만약 그 방법이 잘못되었다면 어떻게 될까요?

"와 우리 딸 너무 잘하는 거 아니야? 이러다 서울대 가겠다."

부모 딴에는 아이를 위한 말이었는데 자칫 독이 되는 경우가 있습니다. 가장 대표적인 말이 바로 "이러다 서울대 가겠네"라는 말입니다. 도대체 이 말은 무엇이 잘못된 것일까요?

서은이는 지나친 불안감으로 인해 자존감이 많이 낮아진 채로 저를 만나러 왔습니다. 서은이는 '나는 꼭 공부를 잘해야 해, 그래서 부모님을 기쁘게 해드려야지'라는 생각이 뿌리 깊이 박혀 있는 아이였어요. 도대체 어떤 경험이 서은이의 불안을 키웠던 것인지, 상담을 하던 중에 서은이가 이런 말을 했습니다. "언니는 저보다 활발하고, 성격도 좋고, 친구들도 많았어요. 아무리 봐도 제가 언니보다 나은 게 없는 거예요. 그런데 언니보다 잘하는 게 딱 하나 있더라고요. 바로 공부하는 거요."

서은이는 공부를 잘해야 부모님께 칭찬도 받고 사랑을 받을 수 있겠다는 생각이 들었다고 했습니다. 그래서 열심히 공부했고, 성적도 잘 나와서 부모님께 칭찬도 받았지요. 하지만 문제는 그 다음이었습니다. "제가 공부를 잘하니까, 어른들이 저한테 그런 말을 하시더라고요. 공부 잘해서 유학 가야겠다고. 그래서 부모님께 미국 여행도 시켜드리고 효도하라고. 그때부터 걱정이 되었던 것 같아요."

서은이는 그 말을 들은 후부터 걱정이 시작되었다고 했습니다. "유학을 못 가면 어떡하지?", "부모님이 실망하시면 어떡하지?"라는 생각이 꼬리에 꼬리를 물면서 서은이를 괴롭혔던 것입니다. "난 공부를 잘해야 해. 부모님을 실망시켜서는 안 돼." 이런 다짐은 족쇄가 되어 서은이를 끊임없이 방해했습니다.

부모님과의 상담을 통해 서은이의 마음을 설명했을 때, 서은이 어머님은 너무 놀라시며 말씀하셨습니다. "선생님, 그 말은 정말 부담을 주려고 한 말이 아니었어요. 어른들끼리 웃으면서 이야기한 거고 서은이도 분명 같이 웃어넘긴 건데……. 이게 서은이에게 그렇게 스트레스가 될 줄은 몰랐네요."

서은이 부모님은 서은이에게 스트레스를 주려고 말한 것이 아니었습니다. 사실 대부분 어른들의 마음도 이와 같을 겁니다. "이러다 서울대 가는 거 아니야?", "박사님 되겠다"라는 말은 "넌 반드시 서울대를 가야만 해"라는 강요로 내뱉은 말이 아니었습니다. 단지 아이들이 더 잘하길 바라는 마음에서 하는 격려였을 뿐인데, 아이들에게는 어느새 큰 부담으로 자리 잡았던 것입니다.

Tip

엄마의 말 Q & A

Q. "서울대 가겠다"라는 말을 한 번이라도 해보면 좋겠어요. 저는 그 반대예요. 제 아이는 "그냥 이렇게 살래요. 될 대로 되겠죠"라는 말을 하면서 저를 너무 걱정시키네요. 이런 제 아이에게도 유능감이 남아 있긴 한 걸까요?

A. 네 그럼요. 아이가 "지금 이 모습으로 그냥 살래요"라고 하는 말이 마치 부모님에게는 체념하고 포기해버린 것처럼 들립니다. 그러니 부모님 입장에서는 걱정되고 고민되는 것이 당연해요. 하지만 이런 생각 해보셨나요? **이 아이의 속마음은 어쩌면 "저 정말 잘 살고 싶어요. 그런데 잘 살 수 있을까 너무 두려워요"라는 마음이란 걸요.** 아이 역시 잘하고 싶은 마음이 큽니다. 그런데 그만큼 두려운 마음도 클 거예요. '잘하고 싶어!'라는 희망 뒤에는 '내가 과연 잘할 수 있을까?'라는 두려움 역시 존재하는 법이니까요. 좌절감을 많이 경험한 아이일수록 두려움에 더 익숙해지기 마련입니다. 이 아이들은 '괜히 내가 이렇게 희망을 가지고 노력을 했다가 자칫 실패해버리면 그런 내 모습은 얼마나 창피할까? 다들 또 나를 탓하겠지?'라는 두려움이 너무 큰 나머지 오히려 방어적인 태도를 보일 가능성이 높습니다. 이때 "그래, 너 알아서 살아봐! 어떻게 되는지 두고 보자!"라는 식으로 아이들의 두려움을 더 부추기지는 말아주세요. 대신 **"너도 잘하고 싶을 텐데, 그만큼 잘 안 되면 어쩌나 걱정도 될 것 같아"라는 말로 아이의 속마음을 먼저 알아주시는 건 어떨까요?** 본래 자신이 가진 유능감을 잘 발휘하는 아이도 있지만 때로는 어른이 먼저 발견해줘야 할 때도 있는 법이랍니다.

어른의 사고와 시선으로 이야기하지 마세요

"우리 딸 서울대 가야겠다"라는 말을 들었을 때 서은이에게 가장 먼저 떠올랐던 생각은 무엇이었을까요?

"안 되면 어떡하지? 내가 과연 할 수 있을까?"

서은이는 가장 먼저 불안감이 들었다고 했습니다. '부모님이 나에게 이렇게나 기대를 하시는데, 그 기대를 채우지 못하면 어떡하지?'라는 생각이 든 것이죠. 그동안 스스로도 재미를 느꼈던 공부가 한순간에 부담으로 바뀐 것은 서은이에게 지나치게 높은 목표가 주어졌기 때문입니다. 물론 서은이가 꾸준히 노력해서 공부한다면 서울대는 물론 해외로 유학을 가는 데에도 큰 무리는 없을 겁니다. 하지만 서은이가 고등학교에 진학한 뒤에야 가능할 수 있는 상황이지, 초등학생인 서은이의 시선에서 보기에는 지나치게 높은 목표일 뿐입니다.

『도덕경』에 이런 구절이 나옵니다. "아름드리나무도 털끝만 한 싹에서 자라나고, 천 리 길도 발아래에서 시작된다." 아무리 대단하고 커 보이는 일이라도 모든 것은 작은 시작에서 출발한다는 의미입니다. "천 리 길도 한걸음부터"라는 뜻을 어른들이 모를 리 없습니다. 분명 "서울대 가야겠다"라는 말은 큰 뜻을 품고 한 걸음 한 걸음 나아가라는 말이었을 겁니다.

하지만 어른들이 모르는 것이 있습니다. 아이들은 아직 그런 속뜻까지 헤아리기 어렵다는 것입니다. 특히 아직 위에서 아래를 조망하는 능력, 차근차근 계획하고 실행하는 능력을 담당하는 전두엽이 발달하지 않은 아이에게 "이러다 서울대 가겠네"라는 말은 "너 서울대 가야 한다"라는 말로 해석될 수 있습니다. 만약 아이들이 자신의 능력이 어느 정도인지 스스로 파악하는 것이 어렵고, '서울대'라는 상징성이 지나치게 높다면 어떻게 될까요? '나는 그 정도가 안 되는데, 서울대 못 가면 어떡하지?'라는 생각으로 쉽게 이어질지도 모릅니다. 'Yes or No', '이것 아니면 저것'이라는 단순한 논리에 익숙한 아이들에게 앞으로 차근차근 노력하면 된다는 어른들의 숨은 격려는 잘 드러나지 않는 법입니다.

어른들의 격려가 아이들에게 독이 되었던 이유는 어른들의 지나친 욕심 때문이 아니었습니다. 단지 아이들의 발달상황을 이해하지 못한 상황에서 발생하는 동상이몽 때문이었죠. 여기에서 아이가 자신감을 가지고 잘하기를 바라는 마음에서 말한 어른들의 좋은 의도까지 탓할 필요는 없습니다. 아이의 시선에서 아이의 마음을 알아주는 연습은 지금부터 시작해도 늦지 않거든요.

> **천 리 길도 한 걸음부터,
> 아이의 근접발달영역을 찾아봅시다**

그렇다면 아이들이 너무 어렵다며 좌절하지는 않되 너무 쉬워서 지루해하지 않기 위해서는 어떻게 해야 할까요? 심리학자 비고츠키(Lev Semenovich Vygotsky)는 이를 위해서 아이들의 **근접발달영역을 찾아보라고 조언했습니다. 근접발달영역이란 아이가 혼자 해내기에는 버거울 수 있지만 아이보다 유능한 어른, 혹은 또래의 조언이나 격려를 통해 성취할 수 있는 범위**를 말합니다.

예를 들어 20개의 퍼즐을 스스로 맞출 수 있는 아이에게 갑자기 100개의 퍼즐을 맞추라고 하는 것은 지나치게 높은 목표일지도 모릅니다. 그동안은 20개의 퍼즐조각에 익숙했는데 갑자기 다섯 배나 많은 100개의 퍼즐을 맞추라고 한다면 아이 입장에서는 지나친 부담으로 다가와 "나 안 할래"라며 쉽게 포기해버릴지도 몰라요.

하지만 30개의 퍼즐을 맞춰보도록 하면 어떨까요? 물론 처음에는 익숙하지 않아 어렵다고 투정을 부릴지도 모릅니다. 이때, 어른들이 지켜보다가 아이가 정말로 도움이 필요한 순간에 "여기부터 맞춰보는 건 어때?"라며 힌트를 준다면 아이는 충분히 30개의 퍼즐을 완성해낼 수 있을 것입니다. 이처럼 누군가의 도움을 받았을 때 아이가 스스로 해낼 수 있는 부분, 이것이 바로 비고츠키가 말한 근접발달영역입니다.

그렇다면 아이들이 유능감을 느낄 수 있도록 돕기 위해서는 어떻게 해야 할까요? **첫 번째 방법은 근접발달영역을 '내 것'으로 만들어야 합니다.** 처음에는 엄마의 도움을 받아야만 30개의 퍼즐을 완성할 수 있었던 아이라면 꾸준한 연습을 통해 엄마의 도움을 받지 않고도 스스로 30개의 퍼즐을 완성해내는 경험이 필요합니다. 퍼즐이 막힐 때 엄마가 "헷갈릴 때는 모서리 부분부터 먼저 맞추면 쉬워"라고 알려주었다면 이후에는 스스로 "퍼즐이 잘 안 되네, 그럼 모서리부터 맞춰볼까?"라고 아이가 스스로 말하고 시도해볼 수도 있습니다. 이렇게 엄마의 조언을 '내 것'으로 만들고 성공해내는 과정에서 아이의 퍼즐 능력치는 20개에서 30개로 향상

됩니다.

　유능감을 느끼는 **두 번째 방법은 근접발달영역을 확장하는 것입니다.** 이전에는 퍼즐 30개가 근접발달영역이었던 아이가 꾸준한 연습을 통해 '퍼즐 30개 맞추기'를 자신의 능력치로 만들었다면 이제 아이의 근접발달영역은 퍼즐 30개에서 40개로 확장될 수 있습니다. 이렇게 근접발달영역을 '내 것'으로 만들고 근접발달영역을 점점 '확장'해나가는 과정에서 아이들의 유능감은 향상됩니다.

우리 아이 근접발달영역을 알아보는 5단계 대화법

비고츠키는 아이들의 근접발달영역을 알아볼 수 있는 중요한 방법으로 '대화'를 꼽았습니다. 대화를 통해 아이가 스스로 해결하기 어려워하는 지점을 찾는 것이 중요하다고 본 것입니다. '대화라면 이미 지금도 충분히 우리 아이와 하고 있는데?'라고 어리둥절해할 부모님들을 위해 근접발달영역을 알아볼 수 있는 올바른 대화법을 구체적으로 소개해보도록 하겠습니다.

1단계, 감정 인정하기

그동안 스스로 잘 해내던 아이가 어려움에 부딪히면 당황하기 마련입니다. 여태까지는 혼자서도 잘할 수 있었는데 갑자기 내가 바보가 된 기분이 들지도 모릅니다. 게다가 이 모습을 엄마가 보고 계신다면 자신이 잘 못하는 것을 들켜버렸다는 생각에 방어적인 태도를 보이거나 짜증을 낼 수 있어요. 이때는 아이가 당황하고 짜증이 날 수 있다는 점을 충분히 인정하는 것이 필요합니다.

😊 감정을 인정하는 말
"그동안 스스로도 잘했는데 갑자기 어려워져서 당황했구나."
"잘 안 풀려서 답답하겠다."
"이 부분은 처음 해보는 거라 어려울 수 있어."

😠 감정을 무시하는 말
"뭘 이런 걸 가지고 짜증이야?"
"그냥 도와달라고 하면 되지 왜 말을 못해?"
"끝까지 해보지도 않고 왜 벌써 포기하는 거야?"

2단계, 질문하기

아이의 마음을 충분히 알아주었다면 그 다음에는 질문을 해보세요. 아이가 어떤 부분을 어려워하는 것인지 구체적인 질문을 통해 알아갈수록 좋습니다. 또한 아이가 엄마의 도움을 받고 싶어 하는지 역시 질문해야 합니다. 영화 스포일러를 끔찍이도 싫어하는 사람이 있는 것처럼 아이 역시 자신이 할 수 있는 한 스스로 문제를 해결하고 싶은 마음이 있을 수 있습니다. 그런 아이의 마음을 먼저 존중해주세요.

"와, 여기 보니까 두 자릿수 덧셈도 잘했네. 그런데 센티미터를 미터로 바꾸는 이 부분이 어려웠던 걸까?"

: 아이가 스스로 해낸 부분에 대해서는 칭찬을 아끼지 말아주세요. 자신이 잘 해내지 못한 부분에만 초점을 두고 있는 아이는 불안감이 높아져 문제를 해결하는 데 어려움을 보일 수 있습니다. 이럴 때에는 아이가 스스로 해낸 부분은 인정해주되 어려워하는 부분이 무엇인지 구체적으로 질문을 통해 알아보는 것이 중요합니다.

"이 부분은 엄마가 조금만 힌트를 주면 할 수 있을 것 같은데, 혹시 엄마가 힌트를 줘도 될까?"

: 엄마의 도움이 필요한 아이도 있지만 때로는 도움 없이 스스로 해내고 싶은 아이도 있습니다. 이럴 때는 먼저 힌트가 필요한지 물어봐주세요.

3단계, 설명하기

아이가 엄마의 도움이 필요하다고 말한다면 이제는 엄마의 설명이 필요할 때입니다. 이때 명심해야 할 것은 바로 **아이의 시선에서 설명하는 것**입니다. 조립형 가구를 조립할 때 내 눈에는 어려워 보이기만 했던 조립설명서가 얼마나 야속했던지 기억해보세요. 기껏 도움을 요청했는데 들어도 이해가 되지 않는 엄마의 설명은 제대로 된 힌트라고 할 수 없습니다. 이때에는 아이가 쉽게 이해할 수 있도록 돕는 엄마의 설명기술이 필요합니다.

〈아이의 이해를 돕는 엄마의 설명기술_비유하기〉

"함수는 사다리 게임과도 같아. 사다리 게임 보면 각자 번호를 정해서 사다리를 타면 서로 다른 결과가 나오잖아? 이런 것처럼 x라는 변수가 정해지면 y값이 정해진다는 1 대 1 대응이 일어나는 게 바로 함수야."

: 아이들이 어려워하는 개념은 비유를 통해 설명해주세요. 이왕이면 아이들이 잘 알고 있는 비유적 표현을 사용해서 설명한다면 아이들이 보다 쉽게 이해할 수 있을 거예요.

〈아이의 이해를 돕는 엄마의 설명기술_예시 들기〉

"우리가 지난번에 사온 사과 한 박스 있지? 사과박스를 보면 가로에는 사과가 4개 들어 있고 세로에는 3개가 들어 있었어. 이때 구구단을 쓰면 〈4×3=12〉 사과박스 안에 사과가 12개 들어 있다는 것을 바로 알 수 있지!"

: 아이들의 이해를 돕는 또 다른 방법은 예시를 들어주는 것입니다. 실생활에서 겪는 다양한 경험을 예로 들어 설명해준다면 아이들은 쉽게 이해할 수 있는 것은 물론이고 개념의 중요성에 대해서도 더 잘 알게 된답니다!

엄마의 문제풀이 과정을 소리 내어 말로 설명해주세요!

"자, 43+27, 두 자릿수 덧셈을 하는 거네. 3 더하기 7은 10이니까 0은 밑에다 쓰고 1은 여기 4 위로 올라가야겠다. 안 그러면 내가 깜빡할 수도 있으니까 표시를 해놔야지. 그럼 이제 앞자리 수 덧셈을 해볼까? 4+1은 5지? 그러면 5+2는 뭐야? 맞아 7이지. 그러면 7을 밑에 써주면 끝이네! 정답은 70! 어때? 맞는 것 같아?"

아이가 문제를 해결하기 위해서는 '아, 이 문제는 이렇게 풀어야 하는구나'라고 문제풀이가 머릿속에서부터 이루어져야 합니다. 하지만 엄마가 문제를 푸는 머릿속을 직접 보여줄 수는 없는 노릇이죠. 이때

> '말'이 도움이 될 수 있습니다. 지금 문제가 어떤 형태의 문제인지, 어떤 해결전략을 쓰는 것이 좋은지 등을 말로 설명하며 아이에게 직접 보여주세요. 이런 과정을 통해 아이는 자연스레 문제 해결을 위해 엄마의 머릿속에서 어떤 일이 일어나고 있는지 알고 적용하게 됩니다.

4단계, 인내하기

3단계까지 충분히 설명해주었다면 이제는 아이가 스스로 해볼 수 있도록 기다려주는 것이 필요합니다. 엄마가 아무리 쉽게 설명해주었다고 하더라도 내게 적용해서 '내 것'으로 만들려면 시간이 필요합니다. 이때 엄마가 가장 경계해야 할 것이 바로 '조바심'입니다. 급하게 먹는 밥은 체한다는 사실을 잊지 마세요. 지금은 '빨리 빨리'보다 아이가 스스로 소화해내는 시간이 필요합니다.

〈아이를 기다려주는 엄마의 말〉
"엄마가 설명해줘도 바로 이해하기에는 어려울 수 있어. 일단 이번 문제는 스스로 해보고, 그래도 안 될 것 같으면 엄마가 한 번 더 설명해줄게."
: 아이에게 아직은 어려울 수 있다고 말해주면서 안심시켜주세요. 엄마에게 자신의 능력을 증명시켜야 한다는 조바심이 있는

아이들에게는 불안과 초조함이 배가 될 수 있습니다.

5단계, 돌아보기

아이가 문제를 스스로 해결했다면 이제는 함께 돌다리를 두들겨볼 차례입니다. 제대로 이해가 됐는지, 조금 더 연습이 필요한지 돌아보는 과정을 거치면서 근접발달영역을 확실한 '내 것'으로 만드는 과정이 필요합니다.

(실력을 다지는 엄마의 말)
"우와, 스스로 해냈구나. 어때? 조금 더 연습해보면서 내 것으로 만들어볼까? 아니면 새로운 부분으로 도전해보고 싶어?"

: 아이가 스스로 성취해내면 아이가 **노력한 부분**을 인정해주세요. 그 뒤에 조금 더 연습을 통해 익숙하게 만들고 싶은지, 새로운 유형으로 넘어가고 싶은지 **질문**해주세요. 스스로의 실력을 성찰해보고 결정하는 과정에서 아이들의 메타인지가 자라게 됩니다.

> 무조건 칭찬하기보다
> 구체적으로 말해주세요

하교시간, 선생님에게 일기장을 돌려받은 아이들이 가장 먼저 찾아보는 것이 있습니다. 바로 '참 잘했어요' 도장입니다. 아이들은 선생님이 도장을 몇 개나 찍어주셨는지, 예쁘게 찍혀 있는지 친구들과 서로 비교해보며 뿌듯해합니다. 하지만 혹시 이상하다는 생각을 해보신 적은 없으신가요? 하루를 성찰하며 작성하는 일기장이 '참 잘했다'며 누군가에게 평가를 받아야 하는 걸까요?

전직교사이자 교육연구가인 칙 무어만(Chick Moorman)은 그의 저서 『지혜로운 교사는 어떻게 말하는가』에서 '참 잘했어요'와 같은 평가형 칭찬이 아이들에게 큰 독이 될 수 있다고 경고합니다.

잘했다는 말을 하는 것이 도대체 무엇이 잘못된 것일까요? "이거 정말 잘했다", "정말 훌륭하구나", "잘할 줄 알았어!"라는 이야기를 들었을 때 아이들은 뛸 듯이 기뻐합니다. 하지만 시간이 지날수록 이런 평가형 칭찬은 아이들의 발목을 잡기 시작합니다.

"와, 색감이 정말 따뜻하다. 지연이는 그림을 계속 그려보면 좋겠어"라는 저의 말에 지연이가 시무룩한 얼굴로 말했습니다. "선생님, 예전에는 자유화를 그리라고 하면 정말 제가 하고 싶은 대로 그림을 그렸거든요? 그런데 이제는 이상해요. 따라 그리는 건 얼마든지 그릴 수 있겠는데 자유롭게 그리고 싶은 걸 그리라고 하면 생각이 많아져서 도저히 시작을 못하겠어요." 그동안 부모님과 친구들, 선생님으로부터 "정말 잘한다"는 말을 밥 먹듯이 들었던 지연이였습니다. 하지만 자유롭게 그림을 그리던 지연이는 어느 순간부터 부담감에 짓눌리기 시작했습니다. 그림을 시작하려고 하는 순간에 '잘 못 그렸다고 그러면 어떡하지?'라는 걱정이 먼저 앞섰던 것입니다.

타인의 평가에 익숙해진 아이들은 자신의 능력을 인정받기 위해 노력합니다. 자신이 아닌 타인을 만족시켜야 비로소 안심이 되기 시작하면서 아이러니하게도 아이들의 자존감은 점점 낮아져만 가는 것입니다.『칭찬은 고래도 춤추게 한다』는 책이 베스트셀러가 되면서 내용이 아닌 제목을 주목한 사람들에게 '칭찬 = 무조건 좋은 것'이라는 잘못된 신화가 펼쳐졌습니다. **하지만 춤추는 고래의 자존감은 어땠을까요?** 본래 사람들 앞에서 춤추지 않는 고래가 매번 칭찬을 받기 위해 사람들 앞에서 춤을 추면서 고래의 자존감은 도리어 낮아지지 않았을까요?

엄마의 말 Q & A

Q. 저는 "역시 우리 딸밖에 없어"라는 말을 자주 썼어요. 이 말도 잘못된 말일까요?

A. 부모님들이 이런 말을 쓰신 이유는 그만큼 아이가 소중하다는 것을 알려주면서 아이들의 기를 살려주고 싶은 마음이었을 거예요. 그러니 너무 자책하지는 말아주셨으면 좋겠어요. 이런 말이 항상 좋지 않은 것은 아닙니다. **하지만 언제 이런 칭찬을 하는지 살펴볼 필요는 있어요.** 만약 아이가 시험 같은 것에서 성취를 보이거나 심부름을 하는 등의 행동을 한 뒤에 보상과 같은 차원의 칭찬을 했다면 아이에게는 사실 부담이 될 수도 있습니다. '엄마가 나를 이렇게 믿어주시는데 내가 다음에 잘 못하면 어쩌지?' 또는 '나는 늘 엄마 말을 잘 들어야 해', '나는 착해야 해' 같은 생각이 들지도 모릅니다. 아이를 격려하기 위한 칭찬이 마치 아이에게는 '나는 ~ 해야 한다'는 조건이 되어버린 격이죠.

하지만 어떤 조건 없이 아이의 존재에 대해 '역시 엄마한테는 우리 딸밖에 없어'라고 무조건적으로 인정을 해주는 것이라면 상황은 달라집니다. 일상에서 '엄마한테는 늘 우리 딸이 최고야', '우리 아들이 있어 든든해' 같은 말을 들은 아이들은 자신의 가치감을 느끼며 자존감 역시 높아지게 됩니다. 그러니 위와 같은 말들은 아이가 무엇을 해냈기 때문에 칭찬하기보다는 **존재 자체를 인정해주는 말로 사용해보시면 좋을 것 같습니다.**

칭찬에는 '구체적인 정보'가 담겨야 합니다

우리가 칭찬을 하는 목적은 무엇일까요? 바로 아이들의 성장입니다. 씨앗이 꽃을 피우기 위해서는 적당한 물과 거름이 필요하듯이 아이들도 성장하기 위해서는 적절한 칭찬과 격려가 필요합니다. 칭찬이 성장으로 이어지기 위해서는 **'구체적인 정보'**가 담겨 있어야 합니다. 무엇을 어떻게 잘했는지, 앞으로 무엇을 개선하면 좋을지 알게 된다면 아이들은 자연스레 자신이 했던 행동에 집중하고 과정에 충실하게 됩니다.

하지만 단순히 "잘했어!"라는 말은 어떨까요? "잘했어!", "훌륭해!"라는 말에는 이러한 구체적인 정보가 빠져 있습니다. 어떤 부분을 잘했는지, 앞으로 어떻게 하면 더 성장할 수 있을지에 대한 설명이 빠져 있으면 아이들은 자연스레 자신이 받은 평가에만 집중하게 됩니다.

우리는 아이들이 칭찬을 받으면 더욱 열심히 할 것이라는 생각에 칭찬할 거리를 찾으려고 애씁니다. 하지만 잊지 말아야 할 것이 있습니다. 아이들은 평가를 받기 위해 블록을 쌓은 것이 아니었고, 엄마의 인정을 받기 위해 그림을 그린 것이 아니었어요. 블록을 쌓고 그림을 그리는 과정에서 아이들은 이미 즐거움을 느꼈고, 몰랐던 문제를 푸는 과정에서 이미 뿌듯함을 느꼈습니다. 우리는 아이들이 즐거움을 느꼈던 과정, 뿌듯함을 느끼기 위해 했던 노력을 함께 알아차려주면 됩니다.

😊 "구름과 하늘을 그렸구나"

아이들에게 단순히 "잘했어! 최고야!"라고 칭찬하는 것보다 "사다리를 스스로 올라갔구나!", "초록색으로 꼼꼼하게 지붕을 칠했구나"와 같이 **아이들이 한 행동과 노력한 과정에 집중해서 설명해주는 것이 훨씬 더 좋습니다.** "고작 구름과 하늘을 그렸다고 말하는 게 칭찬이 된다고요?"라는 생각이 들 수도 있어요. 하지만 칭찬에 '잘했다'는 말이 반드시 들어가야 한다는 것은 어른들의 편견일 뿐! 아이들은 나의 노력과 즐거움을 알아주는 것만으로도 충분히 만족감을 느낍니다.

😀 "네가 좋아하니 엄마도 기쁘다"

아이가 성적이 오르면 기쁜 것은 당연합니다. 하지만 잘 생각해보세요. 만약 내 기준에는 높은 성적을 받았더라도 아이가 여전히 울상을 짓고 스트레스를 받는다면 나의 기분은 어떨까요? 울상을 짓는 아이의 모습을 보고 안타까운 마음이 들 것입니다.

결국, 아이가 성적이 올랐을 때 기뻤던 이유는 아이가 성취감을 느꼈을 생각에 덩달아 기분이 좋았기 때문입니다. 그렇다면 이제는 우리가 말하는 방법에도 변화를 줘야 하지 않을까요? 이럴 때는 "네가 좋아하니 엄마도 기분이 좋다"라고 말해보세요. 스스로 만족감을 느낀 아이는 '서울대 가야겠다'는 부담을 받지 않고도 자신의 유능감을 확장시키기 위해 노력합니다.

😀 "비결이 뭐야?"

때로는 아이들이 자신의 성장을 스스로 알아차리고 인정하는 것이 유능감을 높이는 비결이 됩니다. "이번 시험에서 무엇이 뿌듯했어?", "너는 어떻게 생각해?", "비결이 뭐야?"라는 질문을 통해 아이가 스스로 자신의 성장에 대해 생각해볼 수 있도록 도와주세요.

아이가 스스로 자신이 노력한 점을 말한다면 그 다음에 "맞아.

엄마는 네가 ~를 정말 노력한 것 같더라"라며 엄마가 느낀 점을 말하는 것이 좋습니다. 이렇게 자신의 언어로 스스로의 노력을 인정해주는 과정 자체에서 아이들은 유능감을 느끼게 됩니다.

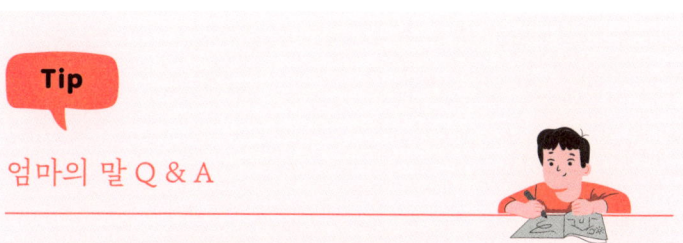

엄마의 말 Q & A

Q. 저희 아이는 잘했다고 칭찬을 해주려고 해도 "아니야, 나 그 정도는 아니야"라며 손사래를 치더라고요. 저희 아이가 자존감이 낮은 건 아닐까요? 어떻게 말해줘야 할지 걱정이에요.

A. 위축되어 있는 아이에게 자신감을 길러주고자 나도 모르게 "잘했다"는 말을 과다 사용할 때가 있습니다. 엄마의 마음처럼 이러한 격려를 통해 아이가 자신감만 길러진다면 얼마나 좋을까요? 하지만 아이들의 속마음은 우리의 생각과 다릅니다. 나는 스스로 잘한 것이 없다고 생각하는데 누군가 옆에서 계속 잘했다고 하면 '난 잘한 게 없는데 왜 그러지?', '다음에도 더 잘해야 하는 것 아니야?'라며 부담이 될 수 있어요. 그러다 보니 "아니에요"라며 칭찬을 거부하는 사태가 발생하는 것이죠.

칭찬에 너무 애쓰지 말아주세요. 어쩌면 아이들은 '그냥 나 기분 좋으라고 말해주는 거겠지'라며 어른들이 애쓰고 있다는 것을 눈치챌지도 모릅니다. 이때는 아이의 노력을 관찰하고 설명하는 **관찰 중심의 칭찬**

을 해보세요. "집에 창문을 2개 그렸구나", "글씨를 또박또박 쓰는구나"처럼 아이에게 보이는 모습 그대로 표현해주세요. 이러한 관찰 중심의 칭찬은 자신의 모습을 그대로 말해주는 것이기에 아이들도 쉽사리 거부하지 않습니다. 그저 아이가 하고 있는 모습을 알아봐주는 것만으로도 큰 인정이 된다는 것을 기억해주시기 바랍니다.

> "이게 최선을 다한 거니?"
> 채근하지 마세요

"선생님, 최선을 다하는 건 도대체 누가 정하는 거예요?" 지훈이가 뽀로통한 얼굴로 저를 찾아왔습니다. 학원 영어시험에서 2개를 틀렸는데 엄마가 "최선을 다하지 않은 것 같다"며 혼내셨다고 투덜거렸습니다. "그런 말을 들었구나, 지훈이도 2개 틀려서 속상할 수 있었을 텐데 엄마한테 그런 말을 들어서 속상했겠다"라고 하니 지훈이는 대뜸 저에게 이렇게 말했습니다. "선생님 아니에요, 저 지난번에는 절반밖에 못 맞았단 말이에요. 이번에 2개 틀려서 얼마나 기뻤는데요! 제 나름으로는 최선을 다한 건데 엄마는 2개 틀릴 수 있는 거 지난번에는 왜 이렇게 많이 틀렸냐고 혼내고, 이번에도 더 잘

할 수 있었는데 열심히 안 했다고 혼내셨어요. 정말 너무해요!"

혹시 기억하시나요? SBS 드라마 〈시크릿 가든〉에서 주인공 '김주원' 역을 맡은 현빈은 "이게 최선입니까? 확실해요?"라는 말로 전국의 시청자들을 열광시켰습니다. 극 중에서 부하직원들에게 사용한 말이 많은 사람들의 사랑을 받아 각종 예능은 물론이며 광고에까지 오르내릴 정도로 화제가 되었지요. 하지만 그때 그 시절 우리가 사랑했던 것은 무엇이었을까요? 현빈이었나요, 아니면 "이게 최선입니까?"라는 말 자체였나요?

현빈의 말 한마디로 인한 파급효과였는지는 모르지만 우리는 지금도 늘 최선을 강조하는 '최선 지상주의' 시대에 살고 있습니다. 특히 이 말은 극 중 현빈처럼 백화점 사장이 부하 직원에게, 선생님이 학생에게, 또는 부모가 자녀에게 자주 쓰는 말이기도 합니다. 하지만 듣는 사람은 기분이 썩 좋지는 않습니다. 아무리 좋은 성과를 올렸더라도 "이게 최선입니까? 확실해요?"라는 말 한마디에 기가 죽지 않을 사람은 정말 드물거든요.

저를 찾아온 지훈이 역시 마찬가지였습니다. 지난번에는 절반밖에 못 맞았는데 이번에는 단 2개만 틀려 기분이 좋았던 지훈이는 "너 정말 최선을 다한 거야? 이게?"라는 엄마의 말씀에 단 한마디 말도 못했습니다. 내 딴에는 분명 열심히 했는데 엄마에게 혼이 나고 보니 자신이 열심히 해도 열심히 하지 않은 것 같은 기분이 든다고 말했어요. 도대체 엄마가 말하는 '최선'은 무엇인지, 시험 백 점 맞으면 이제 그만해도 되는 것인지 답답하다고 하소연했습니다. 그러자 그 말을 듣고 있던 지훈이의 친구 형규가 말했습니다. "야, 말이 되냐. 그러면 이제는 다른 것도 잘하라고 하실 거야. 엄마들은 절대 만족 안 해."

꾸준함의 힘을 경험한 아이는 쉽게 포기하지 않는다

이쯤 되면 부모도 속이 타들어갑니다. 최선을 다하라는 말을 하는 이유가 분명히 있기 때문입니다. "아이들이 지금 알면 얼마나 알겠어요. 잔소리라고 생각해도 일단 열심히 좀 해야 나중에 후회를 안 하죠." 지훈이 어머님은 속이 상한 목소리로 제게 말씀하셨습니다. "지훈이가 핸드폰 게임을 너무 오랫동안 해서 걱정이었어요. 지난번에 시험 한 번 망치더니 이번에는 조금 노력을 한 것 같긴 한데, 여기에서 바로 잘했다고 하면 지훈이가 다시 원래대로 돌아갈 것 같아 걱정이 되더라고요. 너무 금방 만족을 해버리면 안 되잖아요." 지훈이 어머님은 지훈이가 쉽게 그동안의 노력을 멈춰버릴까 걱정이 된다고 하셨습니다. 지훈이가 조금이라도 더 꾸준히 노력하길 바라는 마음에서 "너 정말 열심히 한 거 맞아?"라는 말로 아이를 채근하신 겁니다.

 물론 어머님의 말씀이 틀린 것이 아닙니다. 학창 시절 아이들이 길러야 할 태도가 있습니다. 바로 '근면성'입니다. 미국의 발달심리학자인 에릭슨 역시 초등학교 시기의 아이들이 근면성을 형성하는 것이 중요하다고 강조했습니다. 학교라는 넓은 무대에서 꾸준한 노력을 통해 다양한 학문적인 성취를 경험하며 '나도 노력하니 할 수 있네!'라는 경험을 해보는 것이 중요하다고 본 것입니다.

 꾸준한 근면성이 중요한 또 하나의 이유가 있습니다. 일시적인 노력이 성공을 이끌어주지 않기 때문입니다. 우리는 말합니다. 노력하면 성공한다고 말이죠. 하지만 노력한다고 바로 성공으로 이어지는 경우는 생각보다 드뭅니다. 공부도 마찬가지입니다. 이전보다 두 배의 시간과 노력을 들였다면 성적도 두 배가 올라야 하겠지만 안타깝게도 그렇지 않습니다. 하지만 꾸준하면 달라집니다. 꾸준히 자신의 실력을 갈고 닦은 아이들은 1달 뒤 성적에는 변함이 없는 것처럼 보여도 1년 뒤에는 엄청난 차이를 보입니다. 마치 폭과 너비가 다른 계단을 오르는 것처럼 말이죠. 언제 점프업을 할지는 모르지만 제대로 된 방법으로 꾸준히 하면 반드시 실력은 향상됩니다.

 때문에 아이들에게는 배움의 태도와도 같은 '근면성'이 중요합니다. 꾸준함의 힘을 경험한 아이들은 쉽게 포기하지 않거든요.

자신이 노력해서 무언가를 이뤄낼 수 있다는 것을 알기 때문에 쉽게 굴하지 않고 자신의 능력을 향상시키기 위해 애씁니다. 반면 근면성을 경험해보지 못한 아이들은 어떨까요? 이 아이들은 실패 앞에서 쉽게 좌절합니다. '어차피 안 될 텐데 뭘'이라고 생각하는 아이들에게 더 이상의 노력은 사치일지도 몰라요. 이처럼 **'나는 할 수 있어'라며 꾸준히 노력하는 근면성은 스스로에 대한 확신에서 나오는 것이지 어른들의 채근에서 시작되는 것이 아닙니다.**

> **끈기도 학습할 수 있다!
> 근면성이 자라는 5가지 환경**

휴스턴 대학교의 심리학자 로버트 아이젠버거(Robert Eisenberger)는 근면성도 학습될 수 있다고 말하며 '학습된 근면성'을 강조했습니다. 그는 2~3학년 아이들을 대상으로 그룹을 2개로 나눠 실험을 진행했습니다. 첫 번째 그룹의 아이들에겐 문제를 낸 뒤 정답을 맞추면 문제의 난이도를 조금씩 높였고, 두 번째 그룹의 아이들은 정답을 맞춰도 난이도가 동일한 문제를 계속 주었어요. 그 후, 두 그룹의 아이들에게 동일하게 '단어 옮겨 적기'라는 매우 지루한 과제를 내주었습니다.

이때, 과연 단어 옮겨 적기 과제를 더 '열심히' 수행한 아이들은 누구였을까요? 바로 첫 번째 그룹의 아이들이었습니다. 점점 난이도가 올라가는 연습을 통해 끈기를 학습하고 자신의 성장을 발견했던 학생들은 단순하고 지루한 과제가 있다고 하더라도 끈기를 여지없이 발휘했던 것입니다. 하지만 난이도가 동일한 문제를 풀었던 아이들은 끈기를 학습할 기회가 없었습니다. 첫 번째 과제에서 비슷한 문제를 바로 풀어내면 됐기에 꾸준히 노력해보는 연습 역시 할 필요가 없었던 것입니다.

그렇다면 아이들에게 중요한 것은 무엇일까요? **바로 근면성이 학습될 수 있는 환경입니다.** 어렸을 때부터 꾸준히 노력하는 것의 중요성을 보고 배운 아이들은 다른 상황에서도 쉽게 포기하지 않고 학습된 근면성을 발휘할 수 있습니다. 하지만 반드시 명심할 점이 있습니다. 앞에서도 이미 확인했듯이 "이게 최선이야?", "노력해야지"라는 말만으로는 절대 근면성이 학습되지 않는다는 것입니다.

①마음은 스스로 먹어야 한다

『그릿』의 저자 김주환 교수는 무언가를 꾸준히 하는 힘은 바로 '자율성'에서 나온다고 강조했습니다. 자신이 원해서 스스로 활동을 선택할 때 열심히 할 수 있고, 그 과정에서 재미를 느끼면 결국 잘해낼 수 있다는 것입니다. 만약, 해야 하는 활동인데 아이가 하기 싫다고 하면 어떻게 해야 할까요? 이때에는 강압적으로 아이를 몰아붙이기보다는 아이의 이야기를 먼저 들어보는 것이 좋습니다. 아이가 싫어하는 이유를 들어보고 만약 서로 조율할 수 있다면 최대한 합의점을 찾아보세요. 어떤 활동이라도 흥미를 느끼기 시작해야 '한번 해볼까?'라는 마음이 나오기 마련입니다.

②보고 자라는 것만큼 좋은 학습은 없다

아이들은 모방을 통해 많은 것을 배우고 학습합니다. 그리고 이것은 단순히 겉으로 보이는 행동에만 국한되는 것이 아닙니다. 겉으로 보이지 않는 태도와 가치관 역시 부모를 통해 쉽게 물려받아요. 백문이 불여일견이라는 말처럼, 어려서부터 부모님이 꾸준히 노력하는 모습을 보고 자란 아이는 그 누구보다도 자연스레 근면성을 학습하게 됩니다. 아이들에게 롤 모델이 되어주세요. "엄마도 꾸준히 하니까 되더라고!"라는 말을 들으며 자란 아이들은 '꾸준히 노력하면 원하는 결과를 얻을 수 있구나'라는 것을 자연스레 학습할 수 있습니다.

③목표는 잘게 쪼개줘야 한다

어느 날 갑자기 높은 목표를 달성해야 한다면 그 무엇보다도 부담감이 짓누르기 마련입니다. 앞서서 지나치게 높은 목표가 아이들의 유능감을 가로막을 수 있다고 말한 것처럼, 대화를 통해 아이들의 근접발달영역을 찾아보는 것이 중요합니다. 장기적인 큰 목표를 정했다면 그에 맞는 단기 목표를 정해보세요. 목표를 잘게 쪼개고 단기 목표를 달성하고 성취하는 과정에서 아이들의 유능감은 절로 자란답니다.

④ 바로 포기하지는 않아야 한다

실력이 성장하는 과정에는 반복되는 '실패'와 아무리 노력해도 안 되는 '정체기'가 있기 마련입니다. 하지만 이 과정에서 쉽게 포기한다면 결국 아이는 성취감이 아닌 '해도 안 된다'는 열등감을 학습하게 됩니다. 이렇게 열등감을 학습한 아이들에게 다음의 시작은 더 어려운 일이 될지도 모릅니다. 힘들고 어렵다고 해서 아이가 쉽게 포기하지 않도록 도와주세요.

엄마의 말 Q & A

Q. 하지만 정말 그만해야 할 때는 어떻게 하면 좋을까요?

A. 물론 정말 힘들 때에는 그만둘 수도 있습니다. 하지만 지레 포기를 결정하는 것과 노력을 해보고 중단을 결정하는 것은 달라요. 두 번만 더 해보거나, 한 학기는 더 다녀보는 것을 제안해보면서 아이가 힘든 고비에서 바로 포기하지 않도록 도와주세요. 설령 힘든 고비를 넘고 중단을 결정하더라도 그 사이에 아이의 실력은 분명 향상되어 있을 겁니다. 우리는 그 점을 알아차려주면 돼요.

피아노가 힘들다는 아이에게: "그래 맞아. 이 부분이 힘들긴 하지. 그럼 우리 딱 두 번만 더 해보고 쉴까?"

다음 날: "우와, 그래도 어제보다 훨씬 더 부드럽게 치는구나!"

⑤ 좌절감은 충분히 공감해준다

"이번 시합에서 정말 이기고 싶었을 텐데, 아쉽고 속상할 것 같아. 그동안 친구들이랑 놀지도 않고 정말 열심히 노력했던 거 엄마도 알아."

아이의 성취감을 함께 기뻐하는 것도 부모의 역할이지만 아이가 좌절하는 순간에도 함께 있어줘야 하는 것이 바로 부모입니다. 좌절감이 열등감으로 바뀌지 않기 위해서는 아이가 했던 노력을 알아봐주고 인정하며 격려하는 것이 필요합니다. 단순히 원하는 결과를 얻지 못했다고 해서 그동안 스스로 이뤄낸 성취까지 모두 다 실패라고 여기지 않도록 도와주세요. 아이가 좌절감을 느끼고 속상해하는 마음 역시 그만큼 해내고 싶었던 간절한 마음이라는 것을 올바로 해석해준다면, 아이는 자신의 좌절감을 딛고 일어날 수 있습니다.

근면성을 길러주는 엄마의 말

"이게 최선입니까?"라고 물어본 현빈은 현명한 대화법을 사용하지는 못한 것 같습니다. 물론 쉽게 만족하지 않고 꾸준히 노력하면 더 잘할 수 있다는 말 자체가 틀린 것은 아닙니다. 하지만 얼마나 노력해볼 것인지 결정하고 행동으로 옮기는 대상은 부모님이나 선생님이 아닌 아이 자기 자신이 되어야 합니다.

"엄마들은 절대 만족 안 해"라며 씁쓸한 미소를 지었던 형규의 말처럼 "조금 더!", "더 노력해야지!"라는 엄마의 말에 어디가 끝인지 모르는 달리기를 하고 있는 아이들은 쉽게 지치기 마련입니다. 내가 진짜로 할 수 있는 최선을 다해서 해내는 과정 속에 유능감이 생기고 이러한 유능감이 연료가 되어 아이들은 다시 열심히 하게 됩니다. '내가 이것도 할 줄 아는구나, 그럼 조금 더 해볼까?'라는 생각은 자신의 노력을 인정받고 스스로의 성장을 확인한 아이들에게서 시작됩니다.

😊 "이것을 해냈구나!"

아이들은 아직 자신의 행동을 돌아보고 변화를 알아차릴 수 있는 메타인지가 충분히 발달하지 않았습니다. 그래서 '내가 이걸 할 수 있구나!', '나도 잘하는 게 있어!'라는 것을 스스로 알아차릴 수 있기 위해서는 엄마의 도움이 필요합니다. "이것을 해냈구나!", "이전에는 이 부분을 어려워했는데 이번에는 스스로 해냈네!"라며 작은 것에도 자신의 성취감을 맛볼 수 있도록 아이들의 성장을 알아봐주세요. 이때 '스스로', '노력', '해내다'라는 단어를 사용한다면 성취의 기쁜 과정에 이런 단어들이 숨어 있다는 것을 자연스레 알 수 있습니다.

😀 "많이 힘들지?"

어려운 일에 도전하는 과정에는 의식적인 연습이 필요하기 마련입니다. 아이가 누구의 도움 없이 스스로 시도하고 넘어지고 다시 일어서기를 바라는 것은 어쩌면 지나친 욕심일지도 모릅니다. 실패하고 넘어지는 것이 두렵고 어려운 것은 아이도 마찬가지거든요. 아이가 노력을 주저하고 있을 때 조용히 다가가 어깨에 손을 올리고 "많이 힘들지. 조금만 더 하면 될 것 같은데 속상하겠다"라며 아이의 마음을 먼저 알아주세요. 때로는 섣부른 격려보다는 아이의 마음을 알아주는 엄마의 노력이 더 빛을 발하기 마련입니다. 아이에게 네가 혼자 있는 것이 아니라 엄마가 바로 옆에서 함께 있을 거라는 무언의 신호는 아이에게 용기를 불어넣게 됩니다.

😀 "앞으로 무엇을 (노력)해볼 수 있을까?"

앞에서 이야기했듯이 칭찬은 구체적인 정보를 담을수록 좋습니다. 하지만 그렇다고 아이에게 "앞으로는 이렇게 해봐"라고 섣부른 충고를 하는 것은 아이의 귀를 닫게 만드는 잔소리가 될지도 몰라요.

이때, 지금보다 한 단계 더 성장하기 위해 어떻게 하면 좋을지 아이가 스스로 고민할 수 있도록 질문해보세요. 스스로 목표를 세운 아이는 자신의 목표를 달성하기 위해 알아서 노력하기 마련입니다. (이때는 너무 노력을 강조하기보다는 아이의 의견을 궁금해하는 질문이 훨씬 더 좋습니다. 유능감을 느낄 때에도 자율성은 필수요소가 된답니다!)

아이가 먼저 이야기하면 그 다음에 "엄마도 네가 ~만 조금 더 해보면 훨씬 더 잘할 수 있을 것 같아"라고 엄마의 의견을 말해주세요. 이렇게 **엄마와 아이가 말하는 순서를 바꾸기만 해도 엄마의 말이 잔소리로 들리지 않게 됩니다.**

> **아이의 '조바심'을
> 기회로 바꿔주세요**

30년 경력의 나무의사 우종영 선생님은 책 『나는 나무에게 인생을 배웠다』에서 나무의 어린 시절의 중요성에 대해 소개하셨습니다. 아이가 어른으로 성장하기 위해서는 어린 시절 영양분을 고루 섭취하는 것이 중요한 만큼, 나무 역시 튼튼하게 자라기 위해서 어린 시절이 중요하다고 하셨죠. 다만 우종영 선생님은 나무는 사람과는 다르게 어린 시절인 '유형기'에 오히려 성장하려고 하지 않는다는 말씀을 하셨습니다. 막 싹을 틔운 어린 나무가 오히려 성장을 마다하다니, 그게 과연 무슨 말일까요?

  나무는 햇빛을 통해 나뭇잎으로 영양분을 공급받는다고 합니다. 싹을 틔우기 시작한 나무 역시 조그만 나뭇잎을 통해 영양분을 받기 시작할 겁니다. 하지만 나무는 이때 흡수한 소량의 영양분을 나무가 크는 데 사용하지 않는다고 해요. 오히려 자신의 뿌리를 키우는 데 쓴다고 합니다. 사실, 나무 역시 빨리 크고 싶을지도 모릅니다. 빨리 키가 크면 더 많이 햇살을 받아 영양분을 공급받을 수 있을 테니 말이죠. 하지만 나무는 당장 눈에 보이는 성장보다는 뿌리를 키워내며 자기 안의 힘을 다지는 데 집중합니다. 뿌리를 제대로 키워낸 나무야말로 거센 바람이 불어와도 스스로를 지탱하고, 극심한 가뭄에도 자신을 지킬 수 있을 테니까요.

주변의 다 큰 나무들을 보며 어린 나무들은 과연 어떤 마음이 들었을까요? 마치 자신만 크지 않는 것 같아 조바심이 났을지도 모릅니다. 어쩌면 '작년에는 태풍도 오지 않았는데 그냥 뿌리 내리지 말고 쑥쑥 키를 키우는 게 낫지 않을까?'라고 생각할지도 몰라요. 이렇게 나무가 뿌리에 온 힘을 쏟는 시점이 평균 5년 정도라고 하니, 결코 짧다고 볼 수는 없을 것 같습니다. 그렇다면 그동안 나무는 자신의 조바심을 어떻게 다스렸을까요? 만약 '난 안 돼, 뿌리를 키워봤자 뭐해, 태풍도 안 오는데. 다른 나무들은 이렇게나 큰데. 나는 더 자라지 못 할 거야'라며 스스로 열등감에 갇혀버렸다면 자신을 제대로 키워내지 못했을 것입니다.

아이들에게도 나무의 '유형기'와 같은 시기가 반드시 존재합니다. 아무리 노력해도 성장이 눈에 잘 드러나지 않을 때면 아이들의 마음에 조바심이 나기 시작합니다. 이때 자신의 뿌리를 키우는 것에 집중하지 못하면 '왜 나만 안 되는 거지?', '난 뭘 해도 안 되나 봐'라는 생각이 스멀스멀 올라와 열등감을 유발해버려요. 제가 만난 정훈이가 그랬습니다. 2학년 정훈이는 갑자기 수업시간에 자신의 분노가 폭발했다고 말했어요. 구구단을 계속 틀리는 것이 원인이었습니다. 친구들은 노래까지 불러가며 잘하는데 자신은 계속 틀리는 것이 너무나 속이 상했다고 했습니다. '나는 왜 이렇게 못하는 거야?', '나는 왜 이 모양이지?'라고 스스로를 자책하던 와중에 옆에 앉은 짝꿍이 친절하게 틀린 문제를 알려주려고 하자 불똥이 친구에게로 튀어버렸던 것이죠.

나무도 저마다 성장 속도가 다르듯 아이들 역시 배우고 성장하는 속도가 다를 수 있습니다. 누구나 잘하고 성장하고 싶은 마음이 있듯이 속도가 조금 느린 아이들 역시 누가 말해주지 않아도 마음에 조바심이 생기기 마련이에요. 이때 평균이라는 기준을 내세워 "남들은 다 하는데 너는 왜 아직도 못하니?"라고 말하게 된다면 아이들의 조바심은 한순간에 열등감으로 바뀌어버립니다. 그리고 이러한 열등감은 아이들이 성장하고자 하는 욕구마저 쉽게 꺾어버려요. '내가 뭘 할 수 있겠어. 그냥 안 하는 게 낫지'라며 노력하는 과정조차 거부해버리는 것입니다.

> 아이들의 조바심을
> 다스리는 3가지 방법

'다른 친구들은 다 잘하는데 나는 왜 못하는 거야?'라고 조바심에 가득 찬 정훈이를 돕기 위해서는 어떻게 하는 것이 좋을까요? 조바심은 다른 감정과 같이 두더지 게임과도 같아서 누르고 밀어낸다고 해서 사라지지 않습니다. 오히려 자꾸 튀어나오는 두더지를 계속 보게 되면 조바심이 눈덩이처럼 불어날지도 몰라요. 이를 위해 조바심을 다스리는 세 가지 공식을 먼저 소개하도록 하겠습니다.

①조바심을 밀어내지 않는다

마음이 급해지면 잘 아는 문제도 틀리는 것처럼, 상황을 해결하기 위해서는 마음의 불을 먼저 끄는 것이 중요합니다. 하지만 이때 '그런 생각 하지 말아야지'라고 되뇌어도 초조한 내 마음은 도무지 가라앉을 생각을 하지 않아요. 조바심이 생겼을 때 밀어낸다고 해서 조바심이 사라지지 않는다면, 도대체 어떻게 해야 하는 걸까요?

불이 났을 때 가장 먼저 해야 하는 것은 무엇일까요? 바로 불이 났다는 것을 알아차리는 것입니다. 그래야 내가 스스로 불을 바로 끌 수 있는지, 119에 신고를 해야 하는 수준인지 판단해서 그 다음 행동을 할 수 있어요. 조바심 역시 마찬가지입니다. 조바심은 자신을 다그치고 생각을 억압한다고 해서 사라지지 않습니다. 자신이 조바심이 났다는 것을 인지하고 일단 멈추어야 합니다.

아이가 조바심에 허둥거린다면 당장에 어떤 행동을 하도록 하는 것이 아니라 일단 멈추고 숨을 고를 수 있도록 돕는 것이 중요합니다. 아이가 자신의 속도에서 과속하지 않도록 때로는 브레이크를 걸어주는 것 역시 엄마의 역할이에요.

"빨리 하고 싶은데 잘 안 돼서 답답하구나."

"답답하구나", "속상하겠다", "조바심이 났구나"라고 말하며 아이의 마음을 알아차려주세요. 조바심이 난 아이는 숨이 가빠지고 몸이 경직되어 있을 가능성이 높습니다. 풀리지 않는 문제를 두고 끙끙거리는 것보다는 따뜻한 물 한잔을 마시거나 깊게 복식호흡을 하며 가벼운 스트레칭을 하는 것이 훨씬 도움이 될 수 있어요. 조바심에 휩쓸려가지 않도록 잠시 멈추는 것만으로도 조바심에서 벗어날 수 있습니다.

②현실검증을 통해 실체를 확인한다

조바심은 내가 하고자 하는 일이 나의 뜻대로 잘 풀리지 않을 때, 앞으로도 일이 해결되지 않을까봐 걱정이 될 때 생깁니다. 즉, 문제가 해결되지는 않은 채, 현재와 같은 상황이 앞으로도 지속될 것 같다는 두려움이 조급함을 불러일으키는 것이죠. 그래서 조바심은 두려움의 또 다른 얼굴과도 같습니다.

그렇다면 이러한 두려움은 어떻게 다뤄야 할까요? 우선 두려움을 제대로 바라보는 현실 검증의 단계를 거쳐야 합니다. 두렵다는 이유로 보지 않고 머릿속으로 생각만 하려고 하면 두려움은 상상력을 발휘하여 더 큰 공포감을 유발할 뿐입니다. 구구단이 남들보다 늦었던 정훈이는 '이러다 나만 구구단을 못하면 어떡하지?'라는 조바심이 생겼습니다. 이때 자신의 두려움을 올바로 바라보도록 돕는다면 '내가 구구단을 아예 못하는 건 아니지, 6단까지는 잘하는데 7단부터 어려워지기 시작했어. 그러면 7단을 더 연습하면 되겠다'라며 두려움의 뿌리를 올바로 발견하게 됩니다.

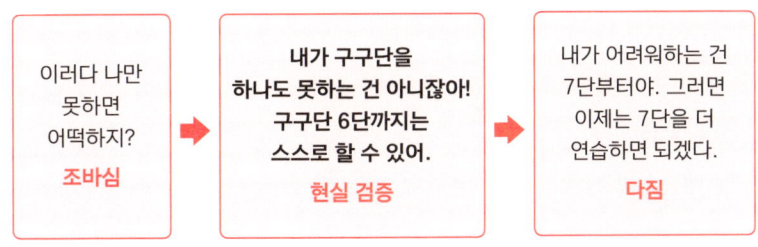

하지만 두려움이 팽창하기 시작하면 어떤 일이 일어날까요? '구구단도 못하고 나는 뭐하는 거야'라는 자책이 커지며 '나는 수학은 구제불능인가봐'라는 열등감에 휩싸입니다. 그러다 조바심이 나서 도리어 아는 문제도 틀리게 되면? '나는 앞으로도 이렇게 살아야 할지도 몰라'라며 두려움이 공포심으로 변하는 것은 시간문제일지도 모릅니다.

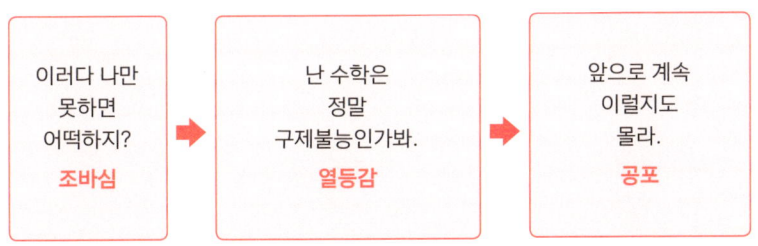

③ 자신의 성공 경험을 잊지 않게 도와준다

아이들이 잘하는 것이 있습니다. 바로 쉽게 단정 짓는 '일반화의 오류'에 빠지는 것입니다. 아이들은 친구와 잘 지냈다가도 최근에 몇 번 싸운 적이 있다면 "저희는 맨날 싸워요"라고 말하고, 달리기를 잘하다가도 몇 번 아쉽게 등수가 밀렸다면 "저는 달리기 못해요"라고 생각해버려요. 그리고 이것은 학습에도 그대로 적용됩니다. 자신이 덧셈은 잘하는데 곱셈을 못하더라도 '나는 수학을 잘 못해'라고 일반화하는 오류에 빠지는 것이 바로 아이들입니다(물론 어른들도 이와 같은 실수를 할 때가 있습니다).

특히 조바심이 난 아이들에게 일반화의 오류는 너무나 쉽게 일어납니다. 몇 번 해보니 잘 안 되는 것을 보고 '아무래도 나는 못하나 보다'라고 성급하게 결론을 지어버리죠. 그만큼 아이들은 실패에 대한 두려움이 큽니다. 이럴 때에는 아이가 일반화의 오류에 빠지지 않도록 돕는 것이 중요합니다. 아이가 노력해서 성공했던 경험, 잘 못하는 줄 알았는데 몇 번 해보니 할 수 있게 되었던 과거의 성공 경험을 떠올릴 수 있도록 도와주세요. '아 맞아. 그때도 이런 적이 있었지. 지난번에도 한 번 더 해보니까 할 수 있었잖아. 이번에도 그렇게 해보자'라며 아이가 자신에게 말해줄 수 있을 때, 조바심은 비로소 멀리 떠나버리게 됩니다.

만약 이것이 어렵다면 아이가 현재의 상황을 다르게 볼 수 있도록 도와주세요. 구구단을 못한다며 열등감에 빠진 정훈이에게 저는 이런 질문을 했습니다. "정훈아! 친구 성주가 구구단 못한다고 앞으로도 안 하겠다고 하면, 그때는 뭐라고 얘기해줄 거야?" 잠시 고민에 빠진 정훈이는 이렇게 대답했습니다. "음…… 너 구구단 얼마나 연습했어? 1주일만 더 연습해봐. 그럼 될지도 몰라. 이렇게 말해볼래요." 정훈이는 이 말을 하며 멋쩍어했습니다. 그 이유를 묻자 정훈이는 "받아쓰기 시험 볼 때는 월화수목금토일 이렇게 매일같이 연습했는데 구구단은 그 정도는 안 한 것 같아서요"라고 말했어요. 집으로 돌아간 정훈이는 과연 구구단을 얼마나 연습했을까요?

열등감이 아닌 기회로, 조바심을 끊어내는 방법

아이의 조바심이 열등감으로 바뀌지 않도록 돕기 위해서는 가장 먼저 비교하지 않는 것이 중요합니다. **모든 조바심은 비교를 먹고 자라요.** '나는 아직 이것밖에 못하는데'라는 고민에 '쟤는 벌써 이걸 하고 있네?'와 같은 비교가 합쳐졌을 때 조바심은 그 힘이 강해집니다. 게다가 부모님이나 선생님에게 "아직 이것밖에 못하면 어떡해?"라는 말까지 들으면 조바심이 커지는 것은 시간문제일지도 모릅니다.

 이때 조바심의 첫 단추를 끊어내기 위해서는 비교하는 대신 아이가 자신의 현재 모습을 잘 알아차릴 수 있도록 돕는 것이 중요합니다. 자신이 잘하고 있는 것, 노력해서 스스로 해낸 것을 발견한 아이는 균형감 있게 자신을 바라보게 됩니다.

조바심을 기회로 바꾸는 두 번째 방법은 조바심을 다르게 보는 것입니다. 조바심을 '문제'라고 바라보면 걱정이 시작됩니다. 하지만 조바심을 다르게 보면 어떨까요? 내가 바라는 대로 되지 않을 때 조바심이 생긴다면, 앞으로 이 부분만 해결되면 더 발전할 수 있다는 '새로운 시작'일지도 모릅니다. **그렇다면 조바심은 또 다른 기회를 맞이할 수 있는 좋은 계기가 될지도 몰라요.** 아이들이 어려워하는 부분을 문제점이 아닌 전환점으로 볼 수 있게 도와주세요. 나의 상황을 다르게 바라보는 것만으로도 조바심은 기회로 바뀐답니다.

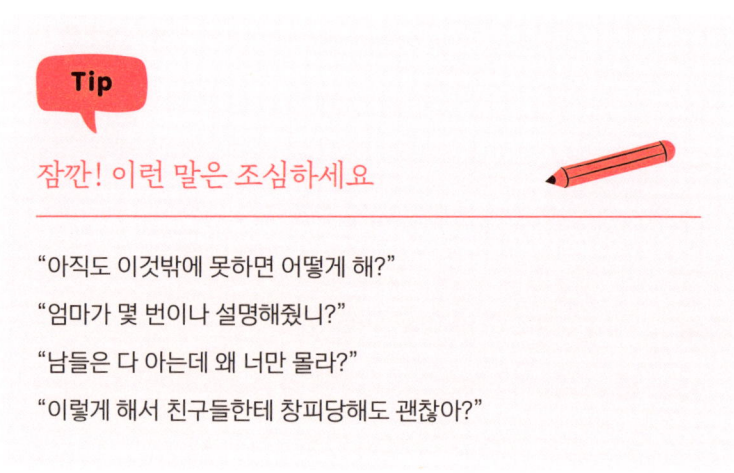

Tip

잠깐! 이런 말은 조심하세요

"아직도 이것밖에 못하면 어떻게 해?"
"엄마가 몇 번이나 설명해줬니?"
"남들은 다 아는데 왜 너만 몰라?"
"이렇게 해서 친구들한테 창피당해도 괜찮아?"

위의 말은 아이들의 조바심을 열등감으로 바꾸는 말입니다. 잘 해내고 싶은 사람은 그 누구보다 바로 아이라는 사실을 잊지 말아주세요. 친구와의 비교, 아이의 능력을 탓하는 말은 아이들로 하여금 수치심을 느끼고 '나는 어차피 해도 안 될 거야'라는 무기력을 느끼게 만듭니다. 수치심과 무기력에 휩싸이면 어떠한 기회가 오더라도 도전하는 것이 어려워져요. 아이들의 조바심을 열등감으로 바꾸지 않기 위해서는 어른들의 조바심 역시 잘 관리해야 합니다.

조바심을 기회로 바꾸는 엄마의 말

"구구단 중에서 특히 어떤 부분이 어려운 거야?"
- 두려움이 커지지 않도록 아이들이 정확히 어떤 부분을 어려워하는지 따뜻하게 물어봐주세요.

"이 부분은 스스로 할 수 있고, 여기는 도움이 조금 필요한 거구나?"
- 아이가 스스로 할 수 있는 부분과 도움이 필요한 부분을 구분해주세요. 모든 것을 못하는 것이 아니라 자신이 스스로 할 수 있는 부분도 있다는 것을 아는 것이 중요합니다.

"지난번에는 이 부분을 어려워했는데 이제는 스스로 할 수 있게 됐네?"
- 아이가 변화하고 성장한 점이 있다면 사소한 것이라도 먼저 알아주

세요. 나는 아무것도 못하는 줄 알았는데 그 사이에 나도 모르게 성장한 부분이 있었다는 걸 발견하면 아이는 안도감이 듭니다.

"이전에 받아쓰기도 정말 어려워했잖아. 그런데 그건 어떻게 이렇게 잘하게 됐어?"
– 아이가 과거에 노력해서 성장했던 경험을 떠올려주세요. 지금처럼 조바심이 났을 때 어떻게 극복했는지 떠올리는 아이는 자신감을 되찾게 됩니다.

"그럼 이제는 이 부분만 알면 되겠네?"
– 아이들이 어려워하는 점은 앞으로 배우면 크게 성장할 수 있는 부분이기도 합니다. 틀린 문제가 '나를 방해하는 것'이라고 바라보기보다는 '이것만 잘하면 더 성장할 수 있겠다!'라며 다르게 바라봐주세요. 내가 어떻게 생각하느냐에 따라 조바심은 소리 없이 지나가게 됩니다.

> **아이의 성장 마인드셋을 길러주세요**

바둑의 고수라고 불리는 조훈현 9단은 『고수의 생각법』에서 "승리한 대국의 복기는 이기는 습관을, 패배한 대국의 복기는 이기는 준비를 만들어준다"라고 말했습니다. 한 번 잘못 놓은 돌로 모든 것이 엉켜버리고 패배로 이어질 수 있는 극도의 스트레스 상황 속에서 그는 어떻게 차분하게 바둑을 놓을 수 있었을까요? 어쩌면 고수인 그 역시 떨리고 긴장이 됐을지 모릅니다. 하지만 적어도 그는 실패 자체에 대한 두려움은 적었던 것 같습니다.

   누구에게나 넘어지는 시기가 있습니다. 걸음마를 시작하는 아이가 넘어지는 것은 당연하며 초보운전자에게 차를 긁는 일이 당연한 것처럼 조훈현 9단 역시 수도 없이 패배하는 날들이 많았을 겁니다. 심지어 뛰어난 영재들 역시 초보시절이 있다고 하니 이러한 초보의 시기는 누구에게나 공평하게 주어진다고 해도 과언이 아닙니다. 하지만 누군가는 초보운전의 시기를 지나 베스트 드라이버가 되고, 다른 누군가는 초보운전을 하다가 면허를 장롱에 넣어버려요. 과연 그 차이는 무엇일까요?

세상은 승자와 패자로 구분되지 않는다

세계적 석학 벤자민 바버(Benjamin R. Barber)는 "세상은 승자와 패자로 구분되지 않는다. 다만 배우려는 자와 배우지 않으려는 자로 나뉠 뿐이다"라는 명언을 남기며 배움의 중요성에 대해 강조했습니다. 앞서 말한 베스트 드라이버와 장롱면허자의 차이 역시 여기에 있습니다. 장롱면허를 선택한 사람은 자신의 실패에 주목합니다. '이렇게 계속 차를 긁으니 운전을 하면 안 되겠다'라며 자신의 실패에 대해 쉽게 체념하고 운전을 포기해버립니다. 하지만 베스트 드라이버는 조금 달라요. '계속 차를 긁는데 어떻게 하면 더 이상 긁지 않을 수 있을까?'라며 자신의 실패를 되새기며 한 걸음 나아가기 위해 노력합니다. 이것이 바로 조훈현 9단이 책에서 말한 '이기는 준비' 아닐까요? 고수들은 실패 앞에서도 이기기 위한 준비를 게을리 하지 않습니다.

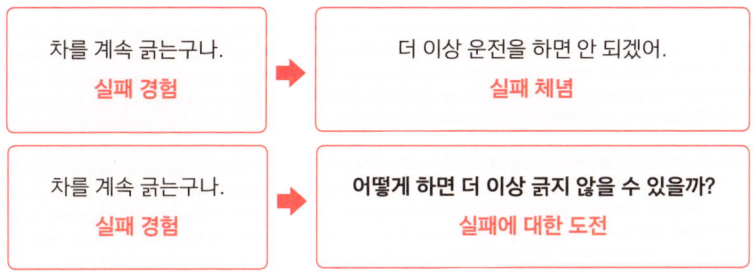

그렇다면 실패 앞에서도 체념하지 않고 '이기는 준비'를 하기 위해서는 무엇이 중요할까요? 저는 그것이 바로 **'성장에 대한 믿음'**에 있다고 봅니다. 스탠포드대학교 심리학과 교수이자 『마인드셋』의 저자 캐롤 드웩(Carol S. Dweck)은 삶을 바라보는 두 가지 태도를 강조했습니다.

그 중 첫 번째는 '고정 마인드셋'입니다. 이것은 재능과 능력은 변하지 않는다고 생각하는 태도를 말해요. 누구나 처음에는 강한 배움에 대한 욕구가 있습니다. 갓난아기들을 보아도 쉽게 알 수 있어요. 아이들은 매일매일 최선을 다해 배우고 성장하려고 노력합니다. 새로운 자극에 눈과 귀를 기울이며 무엇이든 만져보려고 하고 끊임없이 모방하죠. 수없이 넘어지고 머리를 부딪치더라도 걸음마를 포기하지 않습니다. 분명 이렇게 넘어지면 다시 일어나서 걸으려는 아이들이었는데, 왜 어느 순간부터는 쉽게 체념하며 성장을 위한 노력을 하지 않는 걸까요? 캐롤 드웩 교수는 바로 '고정 마인드셋'이 아이들의 배움의 욕구를 방해한다고 강조했습니다. '타고난 것은(지능) 변하지 않아'라고 생각하는 고정 마인드셋을 가진 아이들은 실패를 경험했을 때 좌절하며 더 이상 노력하지 않고 포기해버린다는 것이죠.

하지만 실패 앞에서도 좌절하지 않는 사람이 있으니 바로 두 번째 태도 '성장 마인드셋'을 가진 사람입니다. '성장 마인드셋'은 '능력은 얼마든지 개선될 수 있어'라고 생각하는 태도를 말해요. 때문에 이들은 좌절과 역경 속에서도 모두 나의 성장을 위한 과정으로 여기며 자신을 한 걸음 더 성장시키기 위해 노력합니다.

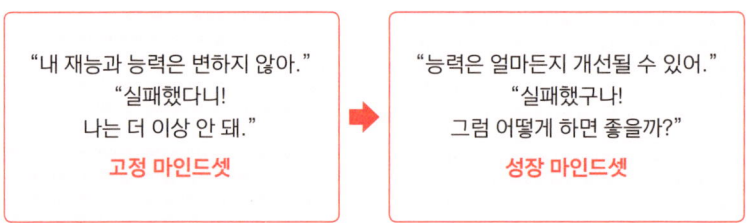

'know-it-all(이미 다 아는 것)'과 learn-it-all(모든 것을 배우는)'의 차이

2019년 9월, 세계는 마이크로소프트(MS)의 부활에 놀라움을 금치 못했습니다. IT시장에서 이제 한물 간 기업이라고 여겨졌던 MS가 '잃어버린 15년'을 완벽하게 극복하고 부활에 성공했기 때문입니다. MS의 부활 뒤에는 바로 CEO 사티아 나델라가 있었어요. 그가 MS로 취임한 이후 5년 동안 주가는 265퍼센트 상승했고, 미국 시가총액 1위에 복귀했습니다. 5년 만에 MS를 재창조할 수 있었던 비결은 과연 무엇이었을까요? 사티아 나델라는 바로 '조직문화의 힘'이라고 강조했습니다.

MS가 내리막길을 걷던 시절, MS에는 'know-it-all(이미 다 아는 것)' 문화가 만연했다고 합니다. '우리 다 알고 있잖아'라는 분위기가 주를 이뤘기 때문에 새로운 변화나 기회에 대한 호기심이 적었고 이를 위한 실험적인 도전 역시 부재했던 것입니다. 하지만 이러한 문화는 사티아 나델라가 취임하면서 급변했습니다. 그는 2014년 MS홈페이지에 "배움을 멈추는 순간 생산적인 활동도 멈추게 된다"고 적으며 'learn-it-all(모든 것을 배우는)' 문화를 만들었습니다. 또한 기회가 있을 때마다 배움과 독서를 독려하며 조직의 성장 마인드셋을 키우기 위해 노력했어요. 그는 인터뷰에서 "우리는 새로운 아이디어와 능력이 필요하지만, 새로운 아이디어와 능력은 이를 성장시킬 수 있도록 돕는 문화를 가지고 있을 때만 얻을 수 있다"고 말하며 **성장 마인드셋을 키우기 위한 환경**을 강조했습니다. 그가 다른 CEO와 달랐던 점은 "성장 마인드셋을 갖춰야 한다"며 직원들의 변화를 강조한 대신, **관리자들에게 성장 마인드셋이 가능할 수 있는 환경을 만들도록 했다는 점입니다.** 그는 성장 마인드셋을 키우기 위한 전략으로 '모델, 코치, 케어'라는 세 가지의 관리자 행동지침을 만들었습니다.

MS의 '성장 마인드셋' 가이드라인

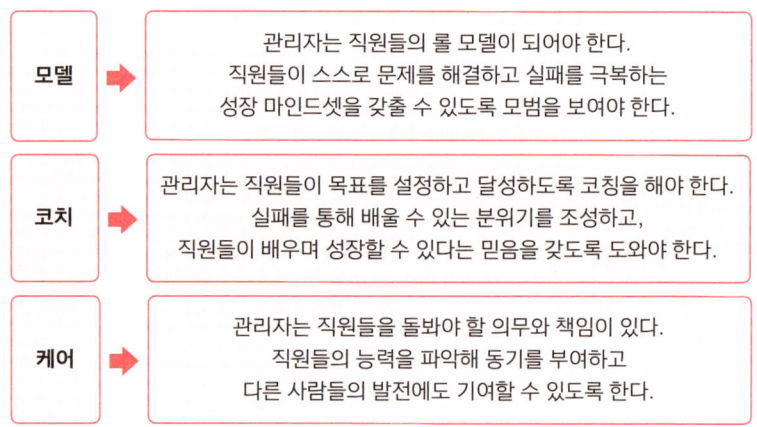

 캐롤 드웩 교수가 강조한 '성장 마인드셋'의 개념은 훌륭했습니다. 배움을 향한 긍정적인 태도가 사람들을 격려하고 실패에도 좌절하지 않게 만든다는 그녀의 주장은 매우 설득적이었어요. 하지만 때로는 그녀의 의도와 다르게 이러한 개념이 왜곡되기도 했습니다. "너는 왜 고작 몇 번 실패했다고 주눅 들고 그러는 거야!", "자신감을 가져야지!"라며 아이들이 가진 태도를 비난하는 몇몇 부모들이 생겨난 것입니다.

 하지만 이런 말을 들은 아이들은 스스로를 어떻게 생각할까요? "나는 왜 그러지 못할까? 나는 정말 부족한가봐"라는 생각에 스스로 자책하고 위축되고 맙니다. 성장의 과정에서 실수와 실패는 반드시 필요한 법인데 또 꾸중을 들을 생각에 다시 시도해볼 엄두가 나지 않는 것이죠. 누군가는 이러한 태도를 두고 '타인의 평가를 두려워하면 안 되지!'라고 말할지도 모릅니다. 하지만 학습과 성장에 대한 욕구가 많은 것처럼, 인정받고 싶은 욕구 역시 누구나 가지고 있는 법입니다. 인정욕구를 없애라는 것은 성장에 대한 욕구를 없애라는 말과도 같아요.

 이런 측면을 올바로 이해한 사티아 나델라는 성장 마인드셋을 구축하기 위한 환경을 조성하는 것에 힘썼고, 직원들이 아닌 관리자의 마인드를 변화시키는 것에 주목했습니다. 부모 역시 마찬가지입니다. 부모는 아이들이 도전하지 않는 것을 탓하며 잔소리를 하는 것이 아니라 성장 마인드셋을 기를 수 있도록 좋은 환경을 조성하며 성장파트너가 되어주어야 합니다.

> **부모님의 실패 경험을
> 들려주세요**

부모들 역시 초보시절이 있었습니다. 우리 역시 덧셈 뺄셈을 틀릴 때가 있었고, 시험에서 계산 실수를 하거나 답안지를 밀려 쓰는 바람에 이불킥을 했던 시절이 있었습니다. 하지만 그런 숱한 실수를 한 덕에 이제는 실수를 조금씩 줄여나가게 되었죠. 이렇게 지금의 '나'를 길러준 시간 뒤에는 무수한 실수와 실패를 겪은 초보시절이 존재했습니다. 하지만 중요한 것은 아이들은 그 사실을 모른다는 것입니다.

아이들에게 부모는 우주와도 같습니다. 그래서 때로는 뭐든 할 수 있는 슈퍼맨이자 때로는 나를 든든하게 지켜주는 거인과도 같은 존재처럼 생각합니다. 우리 역시 아이들에게 약한 모습을 보이지 않으려고 노력합니다. 그래야 '언제나 든든한 우리 엄마', '뭐든지 할 수 있는 우리 아빠'라는 생각을 할 것 같기 때문이죠. 하지만 뭐든지 지나치면 독이 되는 법, 때로는 이러한 생각이 아이들의 성장을 방해하기도 합니다.

경후는 모범생이었습니다. 수업시간에 발표도 잘했고, 선생님 말씀도 매우 잘 들어 주변에서 칭찬이 자자했어요. 하지만 경후가 두려워하는 것이 단 한 가지 있었으니 바로 '새로운 시도'를 해보는 것이었어요. "경후는 아는 문제는 굉장히 잘 풀어요. 자기가 배운 문제는 막힘 없이 풀고 발표도 곧잘 하거든요. 그런데 새로운 단원을 나가거나 제가 새로운 활동지를 가져오면 갑자기 조용해져요. 변화에 극도로 민감한 아이고, 도전을 두려워하는 모습이 안타까워요." 경후의 담임선생님은 경후의 이러한 모습을 안타까워하셨습니다. 모범생인 경후가 새로운 도전을 두려워하는 이유는 무엇이었을까요?

경후는 자신이 실패하는 모습을 극도로 두려워했습니다. 부모님과 선생님께 칭찬받을 때는 날아갈 듯 기뻐하다가도, 조금이라도 잘 못해서 지적을 받게 되면 스스로를 지나치다 싶을 정도로 자책하는 모습을 보였죠. 어느 날, 경후는 제게 와서 이런 말을 했습니다. "선생님, 저희 집에서 저만 잘 못해요." 경후는 형과 나이

차이가 꽤 나는 늦둥이였습니다. 부모님도 경후에게 관심을 많이 보이시고 늘 격려하셨는데 저는 경후가 왜 그런 생각을 가지게 되었는지 궁금했습니다. 그러자 경후는 이런 말을 했어요. "엄마, 아빠 그리고 형까지 다 잘한단 말이에요. 다들 못하는 게 없는데 저만 실수투성이예요."

경후에게 부모님과 형은 좋은 롤모델이었습니다. 형은 고등학교에서 회장도 하고 상을 휩쓸었으며 부모님 역시 각자의 위치에서 본인의 역량을 잘 발휘하여 주변 사람들에게 많은 인정을 받고 계셨어요. 그런 부모님과 형을 보며 경후 역시 '나도 저렇게 되어야지'라는 생각을 했을 겁니다. 그리고 부모님 역시 경후를 격려하며 "경후도 충분히 그럴 수 있어"라고 말씀해주셨습니다. 하지만 경후에게 부족했던 것이 있었어요. **바로 실패와 노력에 대한 경험담이었습니다.**

부모님과 형은 늘 경후에게 성공담을 들려주었습니다. "엄마! 저 오늘 시험 100점 맞았어요. 이렇게 하면 이번에도 반 1등 할 수 있을 것 같아요", "오늘 세미나에서 발표했는데 엄마 칭찬 들었다. 다들 엄마가 최고래." 이런 반짝이는 성공미담을 통해 경후 가족은 서로를 격려하고 인정했습니다. 하지만 이런 미담이 때론 경후를 위축시키기도 했어요. '형은 반에서 1등하고, 엄마 아빠도 저렇게 잘 나가는데 나는 뭐 하는 거지?'라는 생각을 하며 어느샌가 스스로를 비교하기 시작한 것입니다.

"선생님, 형은 맨날 100점 맞아요. 그런데 저는 계산 실수나 하고 100점은 맞지도 못한단 말이에요." 잔뜩 주눅이 든 경후는 나에게 볼멘소리로 이야기했습니다. 하지만 경후 어머님의 말씀은 달랐어요. "아유, 선생님, 말도 마세요. 경후 형도 얼마나 개구쟁이고 공부를 안 했는데요. 초등학교 때로 비교하자면 경후가 더 잘했죠. 지금은 형이 많이 철들고 목표가 생기니까 열심히 하는 거예요."

경후 어머님의 말씀과 경후의 이야기가 다른 이유는 무엇일까요? 이유는 단순했습니다. 경후는 형이 실수하고 잘 못했던 순간은 모르고 있었어요. 형 역시 자신이 실수했던 순간들은 굳이 입 밖으로 꺼내지 않았고, 자신이 잘한 부분만 자랑삼아 전달했죠. 경후의 부모님 역시 부모님의 초보시절을 경후에게 굳이 설명해주지 않았습니다. 하지만 부모님과 형의 성공미담을 들을수록 경후는 '엄마 아빠와 형은 타고난 사람'이라는 생각을 하게 되었습니다. 매번 잘하는 형과는 달리 실수를 많이 하는 자신의 모습을 보며 '나는 해도 안 되는 사람'이라는 딱지를 스스로 붙여버리고 만 것입니다.

때로는 성공미담뿐만이 아니라 실패담과 노력담이 필요합니다. "엄마도 그런 적이 있었어. 아는 문제도 틀리니까 예전에는 그게 얼마나 속상하던지. 지금 보면 아무것도 아니었는데 말이야" 라는 실패담, "아빠도 처음에는 잘 이해가 안 되어서 너무 답답하더라고. 그런데 별 수 있어? 잘 모르겠으면 더 공부해야지. 그래서 선생님한테 책을 추천해달라고 해서 몇 권을 더 읽었는지 몰라. 그러니까 조금씩 이해가 되기 시작하더라고"라는 노력담이 필요해요. 내게는 너무나도 큰 부모님 역시 실수하고 좌절했던 초보시절이 있었다는 것을 알게 된 아이는 자신의 실패도 작게 바라보게 됩니다. 이때 '나도 까짓거 한 번 더 해보자'라는 마음은 아이가 좌절 속에서도 한 걸음 더 성장할 수 있는 촉진제가 됩니다.

성장 마인드셋을 길러주는 엄마의 말

😀 "엄마도 그런 적이 있어"

아이들에게 좋은 롤 모델이 되어주세요. 하지만 그렇다고 늘 성공하고 멋진 모습만 보여주는 슈퍼맨이 되어서는 안 됩니다. 때로는 잘 안 되어 답답하고 속상하지만 포기하지 않는 모습을 보여주시기 바랍니다. '엄마도 엄청 노력하셨다고 했어'라며 엄마의 초보시절을 기억하는 아이들은 노력의 가치를 우습게 여기지 않는답니다.

😀 "이 과정에서 너는 많은 걸 배웠어"

아이들이 실패에 좌절하고 힘들어할 때, 아이들의 실패에 초점을 두지 말고 배움의 과정에 초점을 두어 설명해주세요. 누구보다 자신의 실패에 속상한 사람은 바로 아이들입니다. 원하는 결과가 나오지 않았다는 이유로 자신이 노력했던 과정까지 축소시켜버리게 하지는 말아주세요. "과학실험이 어려웠던 거 알아. 하지만 그럼에도 도전했다는 것은 정말 훌륭해. 네가 고민하고 연구 주제를 잡아서 직접 실험까지 한 것은 정말 많은 노력이 필요했던 일이잖아. 이 과정에서 넌 정말 많은 걸 배웠어. 지금 당장은 아니어도 언젠가 네게 반드시 도움이 될 거야." 이런 말을 통해 아이들이 배움의 중요성에 대해 잊지 않도록 도와주시기 바랍니다.

😀 "누구나 배우는 속도는 다 다를 수 있어"

때로는 노력을 해도 원하는 결과에 미치지 못해 낙담할 수 있습니다. 이때, 아이들이 '난 안 되나 봐'라고 쉽게 체념하지 않도록 하기 위해서는 조바심을 다스리는 것이 중요합니다. 속상한 아이의 마음은 충분히 알아주되 배우는 속도는 누구나 다 다를 수 있다는 것을 알려주세요.

"자전거 탈 때는 몇 번이나 넘어졌잖아. 그런데 롤러스케이트는 금방 탈 수 있었지? 사람마다 잘 배울 수 있는 분야가 다른 법이거든. 그래서 배우는 속도는 다 다를 수 있어. 하지만 지금은 어때? 자전거도 잘 타잖아? 노력을 조금 더 기울여야 할 뿐이지 네가 아예 못하는 건 아니야. 그건 엄마가 보증해."

때로는 엄마의 보증도 필요한 법입니다. 마라톤 경주에 페이스메이커가 있는 것처럼 아이에게도 좋은 페이스메이커가 필요합니다. 지금 아이가 하고 있는 노력이 틀리지 않았다는 엄마의 보증은 지친 아이가 다시 한 걸음을 내딛을 수 있는 용기를 주게 됩니다.

우리 모두는 나에 대해 알고,
나의 역량을 한껏 발휘하고자 하는 마음을 가지고 있습니다.
하지만 그것을 발견할 수 있는 기회와 여건이
주어지지 않았을 때, 아이들은 성장을 회피하고
도전을 거부하게 돼요.
아이들이 공부를 하고 싶도록 도와주기 위해서는
친밀감을 느끼고, 존중을 받는 경험이 먼저 필요합니다.
적당한 햇빛과 영양분을 받은 씨앗이
알아서 싹을 틔우는 것처럼,
자신이 인정받고 가치 있다는 경험을 한 아이들은
자연스레 자신의 역량을 발휘하기 위해 애쓰기 마련입니다.

4장

관계가 좋아지는 엄마의 대화법:

"부모와 관계가 좋으면 성적도 따라옵니다"

좋아서 공부하는 아이들의 비밀

"선생님, 저 이제 수학학원 가요!" 상담이 끝난 후 수학학원에 가야 한다는 경애의 얼굴에 환한 미소가 번졌습니다. 마치 학원 가는 것만을 기다렸던 것 같아 마음이 살짝 서운해지려는 찰나 옆에 있던 선우가 한마디 거들었습니다. "너 또 선생님한테 질문하려고 그러지? 선생님, 경애는 수학선생님 엄청 좋아해요. 수학선생님 새로 오시고 나서부터 공부도 엄청 열심히 하는 거 있죠?" 경애가 수학을 갑자기 좋아하게 된 단순하고도 명료한 비밀이 여기 있었습니다. 경애는 수학선생님을 참 좋아했던 것입니다.

선생님을 좋아하는 것만으로 공부를 좋아할 수 있을까요? 단순한 질문이지만 대답은 명료합니다. '충분히' 그럴 수 있어요. 누구나 한 번쯤은 선생님을 좋아해본 적이 있을 것입니다. 저도 마찬가지였습니다. 고등학교 시절, 저희 반 아이들은 수학선생님을 참 좋아했습니다. 점심을 먹고 햇볕이 내리쬐던 시간에도 졸지 않고 눈을 반짝일 수 있었던 이유는 수학이 재미있어서가 아니라 선생님이 좋았기 때문이었죠. 어려운 문제도 한 번 더 풀어보고 싶은 이유는 문제를 풀면서 느끼는 희열감 때문이 아니라 선생님에게 한 문제라도 더 '질문'하고 싶어서였을 정도로, 그만큼 저는 수학을 참 좋아했습니다.

고등학교 시절 우리들이 좋아했던 수학선생님은 수학이 인생에 얼마나 도움이 되는지 구구절절 설명해준 적은 없으셨습니다. 하지만 선생님이 수학을 좋아했기 때문에 저와 친구들은 수학을 좋아했고, 선생님이 수학을 중요하게 생각했기 때문에 저와 친구들 역시 수학이 중요하다는 생각을 하게 되었습니다. 누가 시켜서 한 것도 아닌데, 이것이 정말로 가능할까요?

미국의 교육심리학자인 에클스(Eccles)는 아이들이 정서적으로 지지받는 환경에 있다면 어른들의 목표나 가치관을 자신의 것으로 더 잘 받아들이게 된다고 강조했습니다. 누군가 나를 지지해주고 격려해준다는 느낌을 받을수록 더욱더 그 사람을 닮고 싶어 한다는 것입니다. 자기결정성이론의 대가인 에드워드 데시(Edward

L. Deci)와 리처드 라이언(Richard M. Ryan) 역시 자율성과 유능감, 관계성과도 같은 기본적인 욕구가 충족될수록 외부의 가치를 쉽게 '내 것'으로 내재화할 수 있다고 말했습니다.

> **DNA만
> 유전되는 게 아니에요**

"저희 애는 저를 꼭 닮았어요. 그런데 이것도 유전일까요?" 유진이 어머님은 엄마를 쏙 빼닮은 유진이가 강아지를 무서워하는 것까지 똑같다며 말씀하셨습니다. 좋은 것만 닮으면 좋겠는데, 닮지 않았으면 하는 모습까지 너무 똑같이 따라하는 것이 때로는 무섭다고도 하셨어요. 정말 이런 모습 하나하나가 DNA로 결정되어서 유전되는 것일까요?

저의 대답은 '과연 그럴까?'입니다. 물론, 유전의 힘은 무시하지 못합니다. 부모의 DNA는 아이들의 키는 물론이고 생김새와 건강에 큰 영향을 미치는 것이 사실입니다. **하지만 유전자만큼 강력**

한 것이 있습니다. 바로 환경입니다. 각종 패스트푸드와 배달음식 문화가 심해지면서 영양의 불균형을 겪는 어린이들이 많아지고 있고, 부모 세대와는 달리 소아당뇨나 소아비만 역시 심각해지고 있습니다. 또한 이러한 환경은 아이들의 생김새까지 영향을 준다고 해요. 최근 미세먼지가 심해지면서 아이들의 속눈썹이 점점 길어지고 있는 모습은 환경변화로 인해 진화되고 있는 안타까운 결과이기도 합니다.

다시 본론으로 돌아가 보겠습니다. 엄마가 강아지를 무서워하는 것이 과연 DNA를 통해 유전되는 것일까요? 그것은 아닐 것입니다. 하지만 유진이가 강아지를 무서워하는 것에는 분명한 이유가 있습니다. 바로 우리의 뇌 속에 있는 '거울뉴런' 때문입니다. 뉴런은 신경계를 구성하는 기본 단위로 신체의 한 부분에서 다른 부위로 신경 신호를 전달하는 역할을 합니다. 그런데 우리 뇌 속에 재미있는 뉴런이 있는데 그것이 바로 거울뉴런입니다.

거울뉴런은 이름처럼 다른 사람의 행동을 거울처럼 따라한다고 해서 붙여졌습니다. 누군가 특정 의도를 가지고 움직임을 보일 때 그것을 관찰하는 것만으로도 마치 내가 직접 하는 것과도 같은 반응이 뇌에서 일어나는 것이죠. 어느 날 네 살짜리 꼬마가 집게손가락으로 핸드폰 화면을 쓱 넘길 수 있는 것은 갑작스러운 깨달음 때문이 아닙니다. 어른들이 핸드폰을 하는 모습을 수백 번 관찰했기 때문에 그것을 모방하여 행동에 옮길 수 있었던 것뿐이에요. 이러한 과정을 통해서 아이들은 다른 사람의 행동을 쉽게 모방하고 학습합니다.

이와 비슷한 원리로 부모님의 생각과 가치관 역시 아이들에게 전달될 수 있습니다. 심리학자 에클스는 부모와 선생님 그리고 친구들 같은 '주변 인물'들과의 상호작용을 통해 생각이나 가치관들이 직간접적으로 전달될 수 있다고 말했습니다. 강아지를 무서워하는 유진이는 엄마와 함께 강아지를 만났을 때 무엇을 관찰했을까요? "어머, 무서워!"라는 엄마의 말, 미간을 찌푸린 엄마의 표정, 손을 내젓는 엄마의 몸짓, 약간 갈라진 음성. 이러한 정보는 유진이에게 '강아지는 무서워'라는 종합적인 메시지를 전해줬을지도 모릅니다.

물론 이 역시 유진이 어머님의 탓이라고 볼 수는 없습니다. 어머님 역시 그동안의 경험을 통해 이러한 메시지가 각인되었을 테니까요. 또한 엄마가 개를 무서워한다고 해서 모든 아이들이 개를 무서워하는 것도 아닙니다. 아이들은 부모의 메시지를 하나의 정보로 받아들이긴 하지만 이는 하나의 단서일 뿐, 아이들은 스스로 정보를 재구성하는 능동성을 띤 존재이거든요.

그렇다면 공부와 관련한 태도 역시 보고 배울 수 있을까요? 정답은 "YES"입니다. 수많은 연구진들은 부모가 특정 과목에 대해 가지고 있는 가치관이 아이들에게 전달될 수 있다고 보았습니다. 즉, 부모가 '음악은 우리 인생에 소중해. 음악을 배우는 것은 매우 가치 있는 일이야'라는 생각을 가지고 있다면, 이러한 가치관이 그대로 아이에게 전달될 수 있다는 것입니다.

하지만 이때 '말'은 그리 중요하지 않습니다. 한 연구에서는 교사가 열정적으로 수업하는 모습을 보는 것만으로도 아이들은 선생님이 그 과목을 정말로 좋아한다고 느꼈고, 이러한 느낌이 해당 과목에 대한 흥미를 끌어올리는 데 기여한다고 발표했어요. 이를 통해 우리가 알 수 있는 것은 무엇일까요? 단순히 부모의 DNA만 아이들에게 유전되는 것이 아니라는 것입니다. 아이들은 이미 세팅된 DNA 이외에도 다양한 정보를 '보고 배웁니다'. 그리고 아이들이 더 잘 보고 배울 수 있는 비결은 바로 '관계'에 있습니다.

공부를 하고 싶게 만드는 관계의 비밀

"그러면 선생님만 좋아하면 공부를 다 좋아하게요?"라는 질문이 나올 법합니다. 물론 항상 그렇다고 할 수는 없습니다. 공부를 좋아하는 선생님을 만나게 되면 '이것이 재미있나 보네'라는 생각은 하게 될지 몰라도 쉽게 행동으로 이어지지 않는 경우도 있거든요. 특히 부모님이 지나치게 학업을 강조한 나머지 아이에게 과도한 강요나 압박을 준다면 아이들은 오히려 반감을 사고 불쾌한 감정만 남는 역효과가 생길지도 모릅니다.

도대체 '관계'가 뭐라고 공부까지 하고 싶게 만드는 것일까요? 힌트는 바로 미국의 심리학자 매슬로(Abraham Harold Maslow)의 욕구위계이론을 통해 발견할 수 있습니다. **매슬로는 인간은 누구나 다섯 가지의 욕구를 가지고 태어나는데, 이 다섯 가지 욕구에는 우선순위가 있다고 말했습니다.** 먼저 가장 기초적인 욕구는 바로 '생리적 욕구'입니다. 그는 먹고 자고 잘 배설하는 욕구는 인간이라면 가장 기본적으로 가지고 있는 욕구이기 때문에 이러한 생리적 욕구가 먼저 채워져야 비로소 다른 욕구로 눈을 돌리게 된다고 보았습니다. 그다음으로 중요한 것이 바로 '안전 욕구'입니다. 의식주가 해결되었다면 이제는 내가 오랫동안 안전하게 살 수 있는 환경이 중요해지는 것이죠.

안전 욕구가 어느 정도 충족되면 자연스레 사람들은 '사랑과 소속 욕구', 나아가 '인정받고 싶은 욕구', 마지막으로는 '자아를 실현하고자 하는 욕구'를 차례대로 충족하려고 합니다. 매슬로는 사람은 이러한 다섯 가지 욕구를 모두 만족하고자 하지만 그러기 위해서는 **우선순위에 따라 가장 기초적인 욕구부터 차례로 충족시켜야 된다고 강조했습니다.**

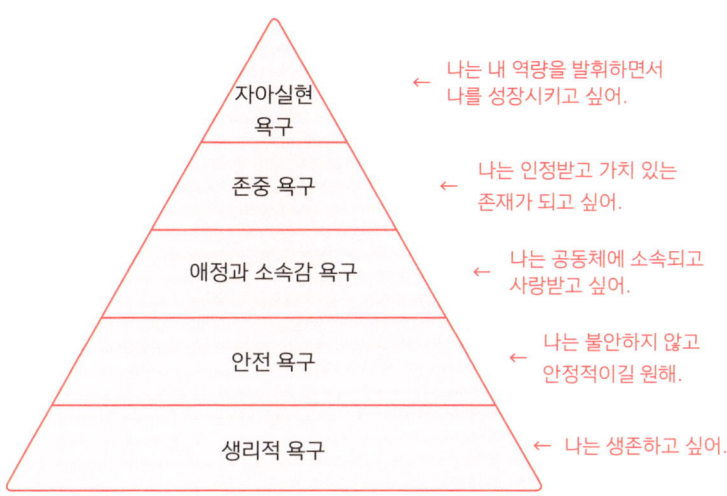

그렇다면 다시 수학선생님을 따라 수학공부를 열심히 하고 있는 경애의 상황으로 돌아가보도록 하겠습니다. 엄마의 잔소리에 억지로 수학학원에 다녔던 경애는 어떤 욕구가 있었던 걸까요? 바로 '안전 욕구'입니다. 오로지 엄마의 **잔소리를 피하기 위해** 학원에 다녔던 것이었으니까요.

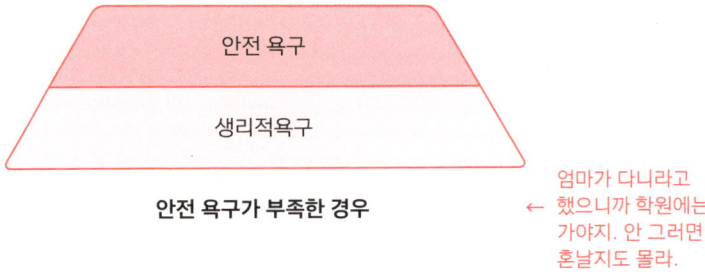

하지만 수학 선생님을 좋아하고, 선생님에 대한 신뢰가 쌓이면서 변화가 나타났습니다. 바로 **소속감 욕구가 채워진 것입니다.** 이제 경애에게 학원 수업시간은 더 이상 엄마가 가라고 해서 억지로 앉아 있어야 하는 시간이 아닙니다. **소속감의 욕구가 충전되면서 수학시간은 내가 친밀감을 느끼는 선생님과 친구들과 함께 '배우고 알아가는 시간'으로 탈바꿈되었기 때문입니다.**

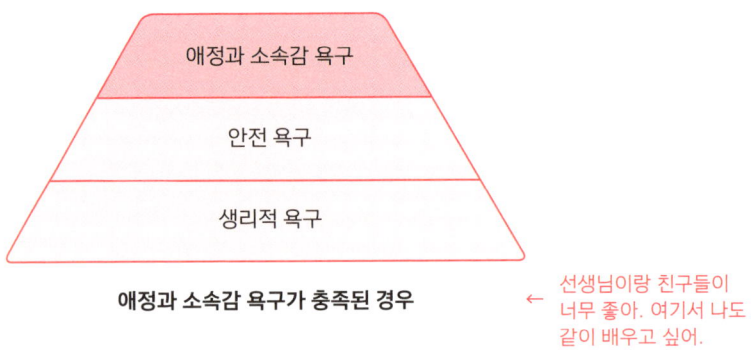

부모님이 공부를 강조하는 모습을 지켜봐온 아이들 역시 마찬가지입니다. 평소 공부에 대한 부모님의 생각과 태도를 보고 자란 아이들은 '공부는 중요해', '공부는 힘들긴 해도 나를 성장시켜줘'라는 생각을 가질지도 모릅니다. 하지만 만약 부모님과의 관계가 틀어져 있다면 어떻게 될까요? 시험점수가 떨어지면 꾸중을 들을 생각에 벌써 집에 가기가 싫어지고 겁이 나기 시작합니다. 이 아이들에게 공부란 혼나지 않기 위해 해야 하는 것, 즉 '안전 욕구'를 채우기 위한 수단에 불과합니다. 때문에 공부가 즐겁다거나 나의 성장을 위해 도움이 되리라는 생각은 눈곱만큼도 하지 않는 것이죠.

공부를 하고 싶게 만드는 관계의 비밀이 여기에 있습니다. 안전 욕구가 결핍된 아이들은 공부를 더 열심히 해야 할 다른 이유를 찾지 못합니다. 이 아이들은 단지 엄마의 잔소리를 피하기 위해 공부를 할 뿐이에요. 어쩔 수 없이 엉덩이 붙이고 책상에 앉아 있기는 하지만 정말 잘 해내고 싶은 마음까지 들지는 않습니다. 이때, 나중에 공부를 못하면 직업을 가질 수 없다는 부모님의 협박(?) 역시 큰 효과가 없어요.

하지만 상위 욕구가 점점 채워지게 되면서 아이들은 알아서 자신을 성장시키기 위해 노력하게 됩니다. 선생님, 친구들과 함께 공부하고 싶은 마음이 들다가(소속감 욕구), 나아가 인정받길 원하며(존중 욕구) 자신의 역량을 발휘하는 과정에서 기쁨도 느끼게 되는 것입니다(자아실현 욕구). 여기에서 우리가 잊지 말아야 할 것은 자신의 역량을 발휘하고 싶은 마음은 누구에게나 있다는 것입니다. 이건 특별한 영재만이 가지고 있는 타고난 능력이 아니에요.

우리 모두는 나에 대해 알고, 나의 역량을 한껏 발휘하고자 하는 마음을 가지고 있습니다. 하지만 그것을 발견할 수 있는 기회와 여건이 주어지지 않았을 때, 아이들은 성장을 회피하고 도전을 거부하게 돼요. 아이들이 공부를 하고 싶도록 도와주기 위해서는 친밀감을 느끼고, 존중을 받는 경험이 먼저 필요합니다. 적당한 햇빛과 영양분을 받은 씨앗이 알아서 싹을 틔우는 것처럼, **자신이 인정받고 가치 있다는 경험을 한 아이들은 자연스레 자신의 역량을 발휘하기 위해 애쓰기 마련입니다.**

> 상위 0.1% 아이들의 부모는
> 과연 무엇이 다를까?

몇 년 전, <EBS 다큐프라임, 0.1%의 비밀> 편에서 상위 0.1% 아이들과 부모님의 대화가 소개된 적이 있습니다. 프로그램에서는 게임과 방 정리하기 등의 민감한 주제를 바탕으로 일반그룹과 상위 0.1%의 자녀와 부모님이 나누는 대화를 소개했어요. 과연 상위 0.1% 아이들의 부모는 무엇이 달랐을까요?

〈상위 0.1% 아이와 부모님의 대화〉

엄마: 어제같이 밤새서 컴퓨터 하지 말고.

아이: 어제는 정말 끌려서……

엄마: 그런 충동을 조절할 수 있게 스스로 계획표 같은 것을 세워놓으면 조절이 되지 않을까?

아이: 제가 계획표를 지킬까요?

엄마: 그러게. 너는 나름대로 줄였다고 하는데 엄마가 볼 때는 다른 사람보다 훨씬 더 많이 하는 것 같아. **엄마는 이야기 하다 보니까 부럽네. 그런 무아지경의, 엔도르핀 생기는, 그런 일을 한다는 게 되게 좋은 거 같아.**

아이: (미소 지으며 웃기 시작함.)

엄마: 하긴 하는데 조절하는 것까지 봐주는 걸로. 엄마는 조건이 운동하는 거랑 건강 챙기는 거야.

아이: 음…….

엄마: 됐지?

아이: 그 정도면 되죠.

― 〈EBS 다큐프라임, 0.1%의 비밀〉 중

이 방송을 보면서 저는 두 가지 사실에 놀랐습니다. 우선, 엄마와 아이가 '핸드폰 게임'이라는 매우 민감한 주제로 웃으며 대화할 수 있다는 사실이 놀라웠어요. 언성이 높아질 수 있는 상황에서

소리 한 번 지르지 않고도 대화가 마무리된다는 사실이 신기했죠. 두 번째로 놀라웠던 것은 바로 어머님의 말솜씨였습니다. 여느 아이와 다를 바 없이 능청스레 웃으며 "제가 계획표를 지킬까요?"라고 대답하는 자녀에게 충분히 화가 났을 법도 한데, 어머님은 전혀 비꼬는 마음 없이 아이가 무아지경으로 게임을 하는 모습에 심지어 '부럽다'는 표현을 써가며 아이의 즐거움을 인정해주었습니다.

자신이 게임을 즐기는 모습을 인정해줬기 때문일까요? 엄마의 진심이 담긴 말을 듣자 살짝 굳어 있던 아이의 얼굴도 풀리기 시작했습니다. 엄마와 아이의 대화는 그때부터 제대로 시작될 수 있었고, 결국 운동하는 것과 건강을 챙기기로 약속하는 것으로 끝맺을 수 있었습니다.

저도 마음처럼 상담 진행이 잘 안 되는 경우가 있습니다. 바로 비자발적인 남학생들을 만날 때입니다. 저학년 학생들이나 고학년 여학생들의 경우, 설령 상담실에 오고 싶지 않았던 아이라고 하더라도 대화를 시작하면 쉽게 마음을 열게 됩니다. 아이의 상황을 알아주고 궁금해 하는 모습을 보이면 술술 자신의 마음도 풀어놓는 것이죠. 하지만 고학년 남학생들은 다릅니다. "네", "글쎄요", "모르겠는데요." 이 세 가지의 대답을 돌려가며 쓰는 아이들을 보면 제가 아이들에게 말을 거는 것이 오히려 관계를 해치는 것 같다는 생각에 좌절감이 들 때가 있습니다.

이때 아이들과의 관계를 개선하면서 조금이라도 마음을 열 수 있도록 돕는 저만의 방법이 있습니다. **바로 아이들이 좋아하는 관심사에 대해 질문하는 것입니다.** 도무지 말을 하지 않으려고 하는 성준이에게 저는 "지난번에 보니까 축구를 진짜 열심히 하더라. 축구 좋아해?"라고 질문했습니다. 그러자 성준이가 살짝 놀라며 대답을 조금 길게 했습니다(남자아이들이 대답을 길게 한다는 것은 관심이 있다는 표시입니다. '몰라요'라는 짧은 대답과 비교했을 때 조금이라도 길게 말하는 것에 저는 희망을 가집니다).

"네. 축구 좋아해요. 그래서 방과 후에 친구들이랑 자주 해요." 이러한 성준이의 대답에 저는 조금 더 성준이의 관심사로 들어가 보았습니다. "그럼 좋아하는 축구팀은 있어? 손흥민 선수가 토트넘에 있지? 지난번에 골 정말 잘 넣었던데 봤어?" 저의 이러한 질문에 성준이는 눈을 동그랗게 뜨고 저를 쳐다봤습니다(남자아이들이 저를 쳐다보기 시작하면 저는 이것을 '마음을 반쯤 열었다'라고 해석합니다. 그만큼 남자아이들과는 눈을 마주치고 대화를 나누는 것도 어려운 일입니다). "맞아요. 선생님도 토트넘 팬이에요?" 이 정도만 되어도 절반은 성공한 것입니다.

대화를 나눈다는 것은 서로의 세상을 공유하는 것과도 같습니다. 서로의 세상에 한 발자국씩 들어가 탐색을 시작할 때, 비로소 세계관이 넓어지며 새로운 세상도 열리기 시작합니다. 하지만 일방적으로 한쪽의 세상만을 보여주려고 할 때 문제가 발생합니다. 서로의 것을 주고받을 수 있어야 비로소 '나도 너의 세상이 궁금해'라는 마음이 생기기 마련인데, 일방적으로 나의 세계관만 주입하려고만 한다면 상대방은 자연스레 방어태세를 취하기 때문입니다.

  아이들과의 대화도 마찬가지입니다. 아이들과 대화하려고 할 때, 내가 아는 것만 일방적으로 전달하려고 한다면 그 대화는 실패로 돌아갑니다. 아이들은 잔소리를 기가 막히게 알아차리기 때문이죠. 실패 없는 대화로 이끌기 위해서는 아이들의 세상을 궁금해할 필요가 있습니다. 상위 0.1% 학생의 어머님은 게임을 즐기는 아이의 세상을 궁금해하며 게임을 통해 얻는 즐거움을 인정해주었고, 그 덕에 순조롭게 대화를 마칠 수 있었습니다. 아이가 선뜻 나의 세계로 들어오지 않는다면 내가 먼저 아이의 세상으로 들어가 보는 것, 아마 이것이 상위 0.1% 자녀의 부모님이 가진 비법이 아닐까 생각합니다.

> **아이들 세상으로 들어가는
> 3단계 관문**

아이들의 세상으로 들어가는 방법은 무엇일까요? 무작정 "네가 좋아하는 게 뭐야?"라고 물어본다 한들, 아이들이 활짝 마음을 열고 대답하지 않으면 답답해져서 결국 내가 하고 싶은 말만 하게 될 뿐입니다. 이럴 때는 조급해하지 말고, 차근차근 아이들과 대화해보는 엄마의 기술이 필요합니다. 아이들의 세상으로 들어가기 위한 세 가지 관문을 한번 살펴보도록 하겠습니다.

먼저 1단계는 아이들의 관심사를 물어보는 것입니다. "요즘 어떤 게임이 유행이야?", "네가 자주 하는 롤은 어떤 게임이야?"라는 질문으로 아이가 관심을 가지고 있는 것에 대해 질문해보세요. 이때 주의할 점이 있습니다. 아이의 관심사를 평가하거나 판단하는 행동은 하지 않아야 합니다. 다른 나라를 여행하면서 제대로 여행지를 느끼고 싶다면 그 나라의 문화를 평가하지 않고 인정하는 것이 중요합니다. 아이들 세계에 들어설 때도 마찬가지예요. 아이들의 세상을 판단하지 말고, 있는 그대로 바라보는 연습이 필요합니다.

1단계: 관심사를 알아본다.	2단계: 관심사를 인정하고 깊이 있게 질문한다.	3단계: 함께 경험한다.
· 요즘은 어떤 게임이 유행이야? · 네가 하는 롤은 어떤 게임이야?	· 친구들이랑 하면 재미있겠구나. · 그럼 정말 스트레스가 풀리기도 하겠다. · 너는 지금 몇 단계까지 갔어? · 이 게임을 더 좋아하는 이유가 있을까?	· 엄마도 한번 해볼 수 있을까? · 엄마도 한번 해보니까 정말 시간 가는 줄 모르겠더라. 네가 왜 좋아하는지 알겠어.

2단계는 아이들의 세상을 인정하며 보다 깊이 있게 질문하는 것입니다. 저는 여행을 할 때면 유명한 관광지뿐만 아니라 골목까지 구석구석 살펴보려고 합니다. 유명한 관광지는 사람들이 다니기 좋게 길도 잘 닦여져 있어 편합니다. 반면 골목길은 길도 좁고 울퉁불퉁하여 걷기가 편하지는 않습니다. 비록 겉으로는 화려하

게 꾸미지는 않았지만 다른 색깔을 한 대문들, 집앞에 놓아둔 각기 다른 화분들은 지역 주민들의 진짜 삶을 오롯이 보여주는 좋은 볼거리이기도 합니다. 이제는 우리가 아이들의 세상을 그렇게 탐험할 차례입니다. 누군가 자신에 대해 깊은 관심을 보여준다면 자연스레 마음이 열리고 친밀감을 느끼기 마련입니다. 1단계에서 관심사를 물어보며 아이들의 세상에 한 발자국 들어가는 것이 성공했다면 아이의 안내에 따라 여행해보면 어떨까요? 물론 이때는 여행 가이드인 아이들에 대한 믿음이 중요합니다. 지레 짐작하고 평가하고 판단하는 태도로는 그 누구도 자신의 세상을 쉽게 보여주려고 하지 않을 거예요.

"그래, 그 게임은 친구들이랑 하면 정말 재미있을 것 같아. 시간 가는 줄 모르기도 하겠어"라고 아이들의 즐거움을 인정해주세요. 우리가 어렸을 때는 밖으로 나가야만 친구들을 만날 수 있었지만, 지금은 굳이 밖으로 나가지 않아도 집에서도 그러한 즐거움을 충분히 느낄 수 있습니다. 이렇게 아이들의 세상을 인정했을 때 우리는 한 단계 더 나아가 아이들의 세상을 탐색할 수 있습니다.

때로는 "그래서 지금은 레벨 몇이야?", "이 게임을 좋아하는 이유가 있어?"라며 아이들의 세상에 한 발 깊이 있게 다가갈 수도 있습니다. 저의 이러한 질문에 하원이는 조금 더 신나서 대답했습니다. "우리 반 애들 거의 대부분이 해요. 선생님, 그런데 정훈이 있잖아요. 정훈이가 레벨이 제일 높긴 한데 걔는 아이템 현질해서 그런 거예요. 솔직히 현질하면 그 정도는 누구나 하는데." 이렇게 길게 대답했다면 하원이 역시 마음을 열었다는 뜻입니다. 그러면 우리는 아이들이 보여준 틈을 확인하고 조금씩 교감하면 됩니다. "그래? 하원이는 현질 안 하고도 레벨이 높은 거야? 네가 쉽게 포기하지는 않는구나"라며 하원이의 장점을 짚어주고, 이것을 기억했다가 이후의 대화에도 활용해보면 됩니다.

마지막 3단계는 함께 경험하는 것입니다. 비록 코로나 때문에 지금은 그럴 수 없지만, 최근까지도 여행의 트랜드는 '체험'이었습니다. 사람들은 여행하는 지역의 쿠킹클래스에 등록해 시장에 가서 재료를 직접 구매한 뒤에 음식을 만들어 먹어보고, 지역의 요가센터에 등록해 주민들과 함께 요가를 배우기도 합니다. 이렇게 보고 듣는 것을 넘어서 몸으로 체험을 했을 때 여행의 여운이 한층 더 깊어지기 때문입니다. 아이들의 문화를 제대로 이해하기 위해 체험을 해보는 것은 어떨까요? 저는 축구광인 성준이를 만나기 전이면 손흥민의 경기 결과를 한 번씩 살펴보고, '롤'이라는 게임을 좋아하는 정우에게는 게임 방법을 물어봅니다. 아이들의 문화를 이해해야 아이의 시선을 제대로 이해하고 눈높이를 맞출 수 있기 때문입니다. "이 게임은 어떻게 하는 거야?"라며 아이의 놀이 문화를 경험해보고, "정말 시간 가는 줄 모르긴 하겠더라. 왜 네가 시계를 못 보는지 알겠어"라고 말해줄 때 아이는 비로소 엄마가 나를 이해한다는 생각에 마음이 활짝 열리게 됩니다.

  이때 오해하지 말아야 할 것이 있습니다. 아이의 문화를 이해한다고 해서 무조건 옳다며 응원해주자는 것이 아닙니다. 아이들의 놀이문화를 경험하는 것은 아이들과의 마음의 거리를 좁히고 때로는 서로의 다름도 인정하기 위함입니다. 여행을 하며 다른 문화를 경험해본다고 해서 내가 집에서 먹는 식단까지 통째로 바꿔야 할 필요는 없습니다. '이 나라는 이런 음식을 먹는구나'라고 인정하고 서로를 판단하지 않는 것만으로도 그 나라의 문화를 제대로 이해하고 다름을 존중하는 멋진 태도라고 볼 수 있습니다. 아이들의 놀이문화를 체험하고 친밀감을 쌓았다면 이제는 나의 문화도 아이들에게 소개해볼 차례입니다.

> **잔소리와 대화의 차이는
> 친밀감 화법입니다**

다시 한 번 상위 0.1% 학생과 부모님의 대화로 돌아가볼까요? 학생의 어머님은 "이야기하다 보니까 부럽네"라며 아이가 게임을 즐기는 모습을 인정했습니다. 하지만 그렇다고 계속 게임을 하라며 아이를 부추긴 것은 아닙니다. 게임을 하더라도 운동을 하고 건강을 챙기는 것을 조건으로 말하며 아이와 대화를 시도했습니다. 그러자 아이 역시 "그 정도면 된다"며 엄마의 말에 수긍했죠. 엄마에게 반항하지 않고 "알겠다"며 말한 아이는 상위 0.1%라 역시 달라도 다른 것일까요?

비결은 바로 어머님의 '친밀감' 화법에 있습니다. 어머님 역시 게임을 오래하는 아들을 보며 당장 그만하라고 말하고 싶었을지도 모릅니다. 하지만 자신이 정말 하고 싶은 말은 뒤로 미루고 '엔도르핀, 무아지경'의 단어까지 사용하며 아이와의 친밀감을 먼저 쌓기 위해 노력했습니다. 아이가 엄마의 말에 환하게 미소를 보일 때, 즉 마음을 열었다는 신호를 보여줬을 때 비로소 자신이 하고 싶은 말을 꺼냈죠. 아이의 세상을 궁금해하고 충분히 이해한 뒤에, 엄마가 하고 싶었던 게임 조절 방법에 대한 이야길 꺼내자 아이 역시 엄마의 의견을 받아들일 수 있었습니다.

　외교를 잘 하기 위해서는 다른 나라의 문화에 관심을 보여야 합니다. 아이의 세상에 먼저 관심을 보여주세요. 만약 이해가 안 된다면 궁금해하면서 질문을 통해 친밀감을 쌓아가면 됩니다. 친밀감은 타고나는 게 아니라 쌓아가는 거예요. **아이의 세상을 이해하려고 노력하는 모습을 보일 때, 아이들도 나의 세상에 관심을 가지기 시작합니다.** 잔소리와 대화의 차이는 바로 친밀감 화법에 있습니다. 엄마가 하고 싶은 말은 그때 해도 전혀 늦지 않아요. "시간이 없다"는 이유로 대화에서 친밀감을 빠뜨린다면 아이와의 관계가 무너지는 것 역시 '시간문제'입니다.

친밀감을 방해하는 엄마의 말

"그게 뭐가 좋다고 그러니?"
– 아이의 세상을 쉽게 판단하고 평가하지 마세요. 서로 관심사나 취향이 다를 뿐입니다. 물론 아이들의 세상이 이해되지 않을 때도 있습니다. 그럴 때는 "엄마는 게임을 오래하면 눈이 아프던데 우리 아들은 괜찮아?"라며 질문을 해보세요. 게임을 너무 오래하는 것이 걱정된다면 친밀감 화법으로 먼저 대화를 나눈 뒤에 "눈도 쉬어야 게임도 재밌게 할 수 있으니까 40분 정도만 하고 엄마랑 산책하자. 오케이?"라며 대화를 마무리해보는 것은 어떨까요?

"너 숙제도 안 하고 노는 거지?"
– 아이를 향한 나쁜 기대는 부정적 감정을 유발합니다. 물론, 아이가 핸드폰만 붙잡고 있는 모습을 보면 조바심이 날 수도 있어요. 이때, 아이를 향한 좋은 기대를 보여주는 건 어떨까요? "우리 딸, 숙제는 마무리하고 노는 거지?"라며 긍정적인 기대를 보여주세요. 말투가 조금만 바뀌어도 감정이 달라질 수 있답니다.

엄마의 말 Q & A

Q. 아이가 분명히 게임을 하고 놀았는데 제가 물어보면 안 했다고 시치미를 떼네요. 게임을 절대 하지 말라고 한 것도 아닌데 거짓말이 늘어서 걱정이에요. 이럴 때도 먼저 친밀감을 보여야 하나요?

A. 아이에게 친밀감을 보이는 것이 아이를 무조건 격려하고 응원하자는 말은 아니에요. 때로는 단호함도 필요한 법입니다. 하지만 아이를 먼저 혼내기 전에 '왜 시치미를 뗄까?' 한번 생각해봅시다. 우리가 산에서 곰을 만나면 어떻게 되나요? 차분히 이성적으로 대처하기에는 나의 이성이 먼저 마비가 되어버립니다. 혼비백산한 마음을 다스리기에도 벅차 생각할 틈이 없어지는 것이죠. 어쩌면 아이들도 이런 마음이 아닐까요? 엄마가 혼을 낼지도 모른다는 두려움, 일이 더 커지면 게임도 하지 못할 수 있겠다는 걱정이 아이의 이성을 마비시켰을지도 모릅니다.

이때는 먼저 아이의 두려움과 걱정을 가라앉혀주세요. **지금 먼저 우리가 훈육해야 할 것은** 아이의 게임 습관보다는 **거짓말로 상황을 모면하려는 태도입니다.** "네가 솔직하게 말하면 엄마가 혼낼까봐 걱정되는 거야? 엄마가 약속할게. 게임을 했다고 해서 엄마가 너를 혼내는 일은 없을 거야. 그런데 솔직하지 않은 모습을 보이면 엄마는 화가 날 수 있어. 그건 정직하지 못하다는 뜻이거든. 엄마는 네가 정직하면 좋겠다"

라고 말하며 아이에게 무엇이 잘못된 것인지 말해주세요. 거짓말로 상황을 모면하는 것이 습관이 되면 그것이 아이의 태도가 되어버립니다. 우리가 단호함을 보여야 하는 것은 바로 이런 것이에요.

이때 아이가 고민하는 모습을 보일 수 있습니다. 충분히 그럴 수 있어요. 고민한다는 뜻은 아이도 자기가 거짓말을 하는 게 잘못되었다는 것을 알고 있다는 이야기입니다. 아무리 괜찮다고 해도 선뜻 자신의 부끄러운 모습을 인정하는 것이 아이들에게 쉬운 일은 아닐 거예요. 이럴 때는 충분히 시간을 가지고 아이가 스스로 이야기하게끔 기다려주세요. **부모님이 조바심을 내서 추궁하는 것보다 아이가 스스로 자신의 정직함을 내보일 수 있어야 합니다.**

아이가 솔직하게 말을 꺼내면 제일 먼저 "솔직하게 말해줘서 고마워"라며 따뜻하게 아이를 안아주시기 바랍니다. 자신이 부끄러운 모습을 솔직하게 인정했을 때, 이를 따뜻한 포옹으로 감싸주는 부모님을 보면 아이 스스로 다시는 그러지 말아야겠다는 다짐을 하게 됩니다. 게임 시간을 조절하는 것은 그 후 이야기를 나눠도 늦지 않습니다.

> 아이들이 갖고 있는
> 긍정 씨앗을 찾아주세요

"제가 원래 잘 깜빡하고 그래요." 상담시간을 잊어버린 혜인이는 저를 보며 멋쩍다는 듯이 웃었습니다. "혜인이가 원래 잘 깜빡한다고 누가 말해준 적이 있었어?" 저의 이러한 질문에 혜인이는 사뭇 진지하게 대답했습니다. "엄마 아빠가 맨날 그러시는데요? 저는 맨날 덤벙거리고 잘 까먹는다는 이야기 어렸을 때부터 들었어요."

혜인이가 자신을 '잘 깜빡거리는 사람'이라고 소개하는 것처럼 우리는 '나 원래 이런 사람이야'라는 생각을 하나씩 가지고 있습니다. '나는 덜렁거린다/다혈질이다/꼼꼼하다/차분하다'와 같이 자신에 대해 가지고 있는 다양한 신념들 중에서 하나의 공식처럼 자신을 설명하는 개념을 자기도식(self-schema)이라고 부릅니다. 그렇다면 이러한 자기도식은 어떻게 생기는 것일까요?

혜인이가 스스로를 '잘 깜빡거리는 사람'이라고 믿게 된 데에는 두 가지 이유가 있었습니다. 첫 번째는 혜인이의 경험입니다. 과거 준비물을 깜빡한 경험, 엄마와의 약속을 깜빡했던 경험이 혜인이에게는 '또 깜빡했네!'라는 하나의 도식을 형성하게 한 것이죠. 두 번째는 바로 혜인이가 주변 사람들에게 들었던 '말'입니다. 아이들은 자신을 둘러싼 어른들의 반응을 통해 자기 자신과 세상에 대한 믿음을 키워갑니다. "너는 왜 이렇게 덜렁거려!", "또 깜빡하면 어떻게 해!"라는 어른들의 말은 '맞아, 나는 정말 잘 깜빡거리나봐'라는 혜인이의 자기도식을 더욱 강화시켰을지도 모릅니다.

이러한 자기도식은 '나'와 매우 끈끈하게 연결되어 있어서 쉽게 바뀌지 않는다는 단점이 있습니다. 그렇다면, 이러한 자기도식을 긍정적으로 활용해보는 것은 어떨까요? 1964년 봄, 미국의 교육심리학자 로버트 로젠탈(Robert Rosenthal)은 샌프란시스코의 초등학교에서 지능검사를 실시했습니다. 아이들의 실제 결과와는 상관없이 무작위로 20%의 학생 명단을 뽑았고 이 학생들이 앞으로 몇 개월 안에 성적이 오를 학생이라고 담임교사에게 전달했어요. 이 실험의 결과는 매우 흥미로웠습니다. 무작위로 뽑은 아이들이 정말 성적이 올랐기 때문입니다. 과연 그 이유는 무엇이었을까요?

그 비결은 교사의 말에 있었습니다. 연구진으로부터 명단을 받은 교사들은 자연스레 학생들에 대한 기대를 갖게 되었습니다. 이 학생들이 앞으로 성적이 향상될 수 있다는 기대를 가졌기 때문에 아이들에게 더 많은 격려를 해줄 수 있었고, 아이들에게 믿음을 실은 긍정적인 말을 해줄 수 있었어요. 그리고 교사의 이러한 말을 들은 아이들은 어떤 생각을 갖게 되었을까요? '그래, 나는 할 수 있어'라며 긍정적인 자기도식을 형성했을 것입니다. 이와 같이 주변의 긍정적인 기대나 관심이 긍정적인 영향을 미치는 효과를 '피그말리온 효과'라고 부릅니다.

엄마의 말이 아이들의 자기도식에 영향을 준다면, 이것을 피그말리온 효과에 활용해보는 것은 어떨까요? '나는 덜렁거려'라는 자기도식이 쉽게 바뀌지 않는 것처럼 **'나는 쉽게 포기하지는 않지'라는 자기 도식을 가지고 있는 아이라면 좌절을 겪더라도 쉽게 포기하지 않을 겁니다.** 설령 포기하고 싶다는 마음이 들더라도 '나는 그런 사람이 아니잖아, 나는 할 수 있어'라는 생각을 가지고 있기 때문에 쉽게 포기하지는 않을 거예요.

아이가 자신에 대한 믿음을 가지고 능력을 발휘하기 위해서는 아이를 긍정적으로 믿어주는 엄마의 말이 필요합니다. 아이들이 저마다 가지고 있는 긍정 씨앗을 찾아주세요. 문제가 안 풀린다고 짜증 내는 아이의 마음속에는 문제를 잘 풀고 싶다는 긍정씨앗이 있으며, 어려운 수학 문제를 풀지 않으려는 아이의 마음속에는 스스로 척척 문제를 푸는 모습을 보여주고 싶은 긍정씨앗이 있기 마련입니다. 우리가 해야 할 일은 그 씨앗을 발견해서 그 씨앗이 커질 수 있도록 물과 거름을 주는 거예요. 격려와 믿음이라는 물과 거름이 아이의 긍정적인 자아상을 단단하게 할 겁니다.

> **아이들의 존재감은
> 집에서부터 생겨납니다**

"고마워, 사랑해, 당신이 최고야."

"아까는 미안했어. 기분 나빴지? 다음부턴 내가 더 조심할게."

연인이나 배우자에게 이 말을 들으면 잔뜩 화가 났던 마음도 풀립니다. '저 사람에게 나는 중요한 사람이구나'라는 것을 확인하게 되면서 '나는 중요한 사람'이라는 존재감도 확고해지게 돼요. 물론, 주변 사람들의 말에 휘둘리지 않고도 자신의 존재감을 지킬 수 있다면 더할 나위 없이 좋을 겁니다. 하지만 인간은 사회적인 동물이에요. 사회적인 관계를 통해 우리 자신의 존재감을 확인하고 나의 역할과 가치를 되새기게 되는 것은 어쩌면 너무나 자연스러운 일일지도 모릅니다.

아이들에게도 이러한 존재감이 중요합니다. 친구들에게 인기가 많은 아이들은 스스로를 '존재감이 있다'고 생각하는 반면에, 인기가 없는 아이는 '존재감이 없다'며 자기 자신을 깎아내리기도 합니다. 아이들은 자연스레 '나는 어떤 사람이지?', '나는 왜 태어났지?'와 같이 자기 자신의 존재 이유에 대한 궁금증을 갖기 시작하는데, 이때 아이들을 둘러싼 사회적 관계가 아이들의 존재감에 영향을 주게 됩니다.

이렇게 아이들이 중요하게 생각하는 '자아 존재감'은 내가 여기에 존재한다는 것을 아는 것을 의미합니다. '내가 여기 있구나'라는 것을 알아차릴 때 아이들은 자신의 존재감을 확인하는 것입니다. '아니, 당연히 있으면 있는 거지, 그걸 모를 수도 있나?'라는 생각이 들 수 있지만 아이들 입장에서는 충분히 그럴 수 있습니다. 내가 교실에 있어도 친구들이 나를 알아봐주지 않는다면, 그 흔한 인사조차 건네지 않고 자기들끼리 깔깔거리고 웃고 있다면, 과연 나는 친구들과 함께 존재한다고 느낄 수 있을까요? 내가 수업을 듣고 있는데 수업 내용을 전혀 알아듣지 못하고 있다면? 친구들은 다 대답하는데 나만 대답을 못하고 있다면 내가 친구들과 교실에 함께 존재한다고 느끼는 것이 정말 어렵습니다. 물리적으로 함께 있기는 하지만 심리적으로는 멀리 떨어져 있는 이질감마저 느낄지도 몰라요. 이렇게 자아 존재감은 아이들을 쉽게 흔들리게 합니다.

"우리 집에서 저는 투명인간이에요." 우울감이 심해 죽고 싶다며 저를 찾아온 채린이는 체념한 듯이 말했습니다. 그렇게 생각한 이유가 있는지 물어보자 채린이는 뜻밖의 대답을 했습니다. "주말에 제가 엄마 아빠한테 놀이공원 가고 싶다고 했거든요. 그런데 엄마 아빠가 못 들은 척했어요." 채린이는 자신의 이야기를 들어주지 않은 부모님에게 서운한 마음이 가득해 보였습니다. "분명히 제가 소리 내어 말했다고요. 그런데 안 되면 안 된다고 말해주면 되는데 왜 못 들은 척하시는 거예요? 안 그래도 요즘 친구들이랑 사이가 안 좋아서 속상해 죽겠는데……. 저 정말 투명인간 같아요."

"애 아빠도 주말에 바쁜데 어떻게 제가 채린이랑 채린이 동생까지 데리고 놀이공원에 갈 수 있겠어요……. 그런데 계속 미루기만 하니까 그것도 미안하더라고요. 그래서 얼버무렸는데 채린이에게는 그렇게 보여졌나 보네요." 채린이 어머님은 당황스러운 목소리로 말씀하셨습니다. 사실, 부모님은 미안했습니다. 아이가 먹고 싶은 것, 가고 싶은 곳은 모두 다 빠짐없이 챙겨주고 싶은 것이 바로 부모의 마음이니까요. 하지만 현실적으로 어려울 때가 더 많습니다. 아이가 눈을 반짝거리면서 말을 하는데 냉정하게 안 된다며 재를 뿌리고 싶은 부모가 과연 세상에 어디 있을까요? 하지만 언젠가는 꼭 데리고 가야겠다는 생각에 속으로 주저하던 엄마의 모습을 보고 채린이는 엄마가 대답도 안 하고 자신의 말을 무시한다고 오해하게 되었습니다.

아이들의 존재감을 깎는 엄마의 말

"네가 뭘 안다고 그래."
"어디서 말대꾸야!"
"그냥 엄마가 하라는 대로 해."
"……." (무시하기)
"그런데 너 숙제는 했어?" (갑자기 다른 말로 화제 돌리기)

- 아이들의 존재감을 깎는 말에는 뭐가 있을까요? 간단합니다. 내가 들었을 때 기분이 좋지 않은 말은 아이들에게도 좋지 않습니다. 아이들과 대화할 때도 역지사지의 지혜가 필요한 법입니다!

> **존중받는 경험이
> 자아존재감의 씨앗이 됩니다**

우리는 아이가 자신감 있게 살길 바랍니다. 자신과 잘 맞는 친구들을 사귀고 자신이 원하는 일을 하며, 때로는 소신 있게 선택하고 책임감 있게 행동하여 자신의 삶을 꾸려나가기를 바라지요. 그래서 아이가 자기 의견은 말도 못하고 친구에게 휘둘리는 모습을 볼 때면 '친구한테 휘둘리지 말고 네가 하고 싶은 말도 해!'라며 아이들을 다그치기도 합니다.

하지만 바꿔서 생각해봅시다. 우리는 그동안 아이들의 이야기에 얼마나 귀를 기울였을까요? 아이의 말에 무조건 예스맨이 되자고 하는 것이 아닙니다. 다만 아이들의 감정과 생각을 무시하지 말고 알아주자는 것입니다. 아이가 어리다는 이유로, 쉽게 잊어버리 거라는 이유로 우리는 아이들의 말을 쉽게 흘려듣게 됩니다. 때로는 "네가 뭘 안다고", "그냥 엄마 말 들어"라는 말로 아이들의 입을 서둘러 막아버릴 때도 있어요. 하지만 이런 과정에서 아이들의 존재감은 점점 작아지기 마련입니다.

아이들이 존재감을 키우기 위해서는 '너 거기 있구나'라고 먼저 발견하고 알아주는 것이 필요합니다. 이때 중요한 것이 바로 존중받는 경험입니다. 자신의 생각과 의견을 존중받은 경험은 아이들의 존재감을 키웁니다. 비난받거나 평가받지 않고 자신의 생각을 말해보는 과정에서 아이들은 '내 생각을 말해도 괜찮다'라는 확신을 가지게 돼요. '내 생각이 존재감 있구나'라는 경험이 하나의 씨앗으로 자리 잡는 것이죠. 이러한 씨앗에 지속적으로 관심을 가지고 물을 주며 키워내야 자신에 대한 믿음 역시 자라나는 법입니다.

가정에서 자신의 존재감을 느끼는 아이가 교실에서도, 사회에서도 존재감을 드러낼 수 있습니다. 가장 안전한 공간인 집에서 자신의 생각과 감정이 존중받을 때 비로소 더 큰 세상에서도 자신을 드러내보려는 용기가 생겨요. 욕구위계이론을 설명한 매슬로의 말처럼, 존중욕구가 채워졌을 때 비로소 자신의 역량을 힘껏 발휘하고 성장하고자 하는 자아실현욕구도 피어난다는 것을 잊지 말아주세요.

아이들의 생각과 감정을 존중하는 엄마의 말

"그럴 수도 있겠다."
— 아이들의 생각과 감정을 평가하지 않기 위해서는 있는 그대로 '인정'해주는 것이 중요합니다. 우리는 아이가 나와 다른 의견을 말하면 그것을 쉽게 평가하고 고쳐주려고 해요. 하지만 그 전에 가장 먼저 "그럴 수도 있겠다"라고 말하며 아이의 생각과 감정을 먼저 인정해주는 것은 어떨까요? 인정하는 것은 '네가 다 옳다'라는 말이 아닙니다. 아이의 시선에서는 그렇게 생각할 수도 있다는 이 말은 무엇보다도 아이의 존재감을 인정해줍니다.

"너는 어떻게 생각하니?"
— 아이들이 밥 먹듯이 질문할 때가 있습니다. 반복되는 아이들의 질문 공세가 스트레스가 되는 이유는 내가 다 대답을 해줘야 한다고 생각하기 때문이에요. 하지만 이때, 아이에게 되물어보세요. '너의 생각은 어때?'라는 질문을 통해 아이는 생각의 힘을 키우고 자신의 생각을 말할 수 있게 됩니다. 스스로 생각하는 힘은 대답이 아닌 '엄마의 질문'에서 나온답니다!

"좋은 질문이었어!"

– 때로는 "이렇게 하면 안 돼요?", "이럴 수도 있지 않나요?"라며 아이가 자신만의 논리를 가질 때가 있습니다. 이것은 바로 아이들의 생각이 크고 있다는 증거입니다. 그동안 무비판적으로 엄마의 이야기를 들어왔다면 이제는 '이러면 어떨까?'라는 생각도 해보게 되는 것이죠. 이때 아이의 논리를 '말대답'이라는 이유로 단정하지 말아주세요. 대신 "그럴 수도 있겠다", "좋은 질문이었어!"라는 리액션으로 아이가 자신의 생각을 더욱 키워나가도록 도와주세요. 아이의 말에 논리가 부족하다면 엄마와의 대화를 통해 생각을 키워나가면 됩니다.

> **고맙다고, 미안하다고
> 말하는 걸 주저하지 마세요**

일상에서 아이들의 존재감을 키워주는 가장 쉽고 좋은 말이 바로 "고마워, 미안해"입니다. 그런데 우리는 생각보다 아이들에게 이런 말을 잘 쓰지 않아요. "고맙다"는 말은 남이 내게 큰 호의를 베풀어주었을 때 해야 한다고 생각하는 사람들도 의외로 많습니다. '새삼스레 뭘', '내가 어른인데 애들한테 이런 말까지'라는 생각으로 표현에 인색해진 것이죠. 하지만 생각을 조금 바꿔보면 어떨까요? 이 세상에 내가 당연히 받아야 해서 받은 것들이 과연 얼마나 있을까요?

오늘 아침 내가 눈을 뜬 것, 내가 숨을 쉬고 있는 것, 내 몸이 아프지 않고 건강한 것, 파란 하늘이 보이는 것, 나를 아껴주는 사람이 있다는 사실은 내가 당연히 누려야 하는 호사는 아닙니다. 잔뜩 구름이 낀 날 파란 하늘을 보고 싶다고 내 맘대로 하늘을 바꿀 수 없는 것처럼. 내 힘으로 도저히 할 수 없는 이러한 섭리 안에서 우리는 내가 누리는 모든 것들에 얼마나 감사함을 표현하고 있었는지 생각해볼 필요가 있습니다.

우리에겐 아이의 존재만으로도 감사했던 시절이 있었습니다. 아이가 뱃속에 있을 때, 아이가 있다는 것만으로도 우리는 우주를 다 가진 것 같은 신비로움을 느꼈어요. 내가 무엇을 하지 않아도 쑥쑥 자라는 모습을 보면서 아이는 그 자체로도 완벽한 존재라는 것을 알게 된 적도 있었습니다. 때로 아이가 뱃속에서 무차별적인 발길질을 하더라도 마치 그것이 '나 잘 살고 있어요'라는 신호를 보내주는 것 같아 고맙기도 했지요. 이렇게 내게 큰 호의를 베풀지 않아도 사실 아이들은 그 존재만으로도 참 완벽했습니다.

그런데 어느 순간부터인가 우리는 아이들의 존재를 당연시하기 시작했습니다. 마치 내가 숨을 쉬는 것이 당연한 것처럼, 아이들이 걷고 한글을 또박또박 읽고 덧셈을 잘하는 것은 당연히 해야 할 일로 둔갑해버린 것이죠. "잘하고 있네", "수고했다", "기특하네"라는 말 대신 "그것도 못해?"라는 말을 더 많이 내뱉기 시작했고, 엄마를 도와주려는 아이의 손길을 당연히 여기며 "이건 이렇게 해야지!"라고 가르치게 되었습니다. 하지만 잊지 마세요. 내가 사랑

하는 사람에게 "고마워, 네가 최고야"라는 말을 들으면 속상했던 마음이 치유되는 것처럼 아이들에게도 엄마 아빠의 "고마워"라는 말은 최고의 치유제가 된다는 것을요.

"미안해"라는 말은 어떨까요? 내가 엄청난 잘못을 했을 때 사죄하는 마음으로 미안하다는 말을 쓰기도 하지만, 내가 소중히 여기는 사람들의 마음을 헤아리지 못했을 때 우리는 미안하다는 마음이 들기도 합니다. 우리는 완벽한 존재가 아닙니다. 그래서 때로는 실수를 (많이) 저지르기도 하고, 실수를 (많이) 반복하기도 하며, 때로는 내 마음에도 없는 말이 (많이) 나오기도 해요. 그러니 이제는 완벽해지려고 애쓰기보다 오히려 완벽하지 않음을 인정해보는 용기를 내야 합니다. 내가 전지전능한 신이 아니기 때문에 모든 것이 완벽하지 않을 수 있음을 겸허히 인정해보세요. 이때 할 수 있는 말이 바로 "미안해"라는 말입니다.

"미안해"라는 말은 나를 납작 엎드리게 하여 한없이 작아지게 하는 말이 아닙니다. 오히려 "그래, 내가 이건 부족했구나"라며 나의 부족함을 발견하고, 다른 사람도 포용할 수 있도록 나의 그릇을 넓혀주는 말이기도 합니다. 행여나 내가 고맙다는 말을 한다고 아이들이 당연시 여길까봐, 내가 미안하다고 한다고 나를 업신여기지는 않을까 걱정하지는 마세요. 저 역시 숱하게 "고마워", "미안해"를 아이들에게 반복해서 말해왔지만 제 마음을 상하게 하는 것으로 되돌려준 아이는 단 한 명도 없었습니다. 고마운 마음에는 고마운 마음으로, 미안한 마음에는 덩달아 미안함을 느끼는 것이 바로 아이들의 마음입니다.

엄마의 말 Q & A

Q. "고마워"라는 말은 언제나 써도 되는 건가요?
A. 그 말을 쓰는 것이 어색할 수도 있고, '이래도 되나?'라는 의문이 생길 수도 있습니다. 고맙다는 말을 쓸 때는 딱 두 가지만 기억하세요!

① 말을 하는 사람과 듣는 사람이 이상하지 않으면 됩니다.
예를 들어볼게요. "숙제 해줘서 고마워"라는 말은 어떤가요? 말을 하는 사람도 이상하고 듣는 사람도 이상합니다. 아이 입장에서 숙제는 당연히 해야 하는 건데 엄마가 고맙다고 말하면 이상합니다. 오히려 이때는 "수고했어"라는 말이 더 어울릴 수 있습니다.

② 존재감을 키워주는 말은 언제나 옳습니다.
"엄마 딸이어서 고마워", "네가 있어서 정말 감사해"라는 말은 그 순간에는 어색하고 이상해 보일 수도 있습니다. 우리 모두 이런 말을 듣고 자란 세대가 아니니까요. 하지만 시간이 지날수록 말하고 나면 기분이 좋아지고 듣는 사람도 미소를 띠게 됩니다. 이 말은 존재감을 키워주는 말이기 때문입니다. 내가 이 세상에서 꽤 중요한 사람이라는 믿음, 내가 소중한 사람이라는 생각은 바로 "고마워"라는 말에서부터 시작됩니다.

> 잔소리에는 '불편한 생각'이
> 담겨 있어요

"저는 왜 선생님처럼 말을 못할까요?" 세미나에서 만난 한 어머님은 제게 이런 말을 하며 자책하셨습니다. 자신도 아이에게 긍정적인 말, 좋은 말을 해주고 싶은데 그게 마음처럼 쉽지 않다는 것입니다. 오히려 잔소리를 해서 아이와 관계가 점점 멀어지는 것 같다며 답답해하시기도 하셨어요. 저는 그런 어머님의 손을 잡고 이렇게 말했습니다. "어머님, 그건 엄마니까 그런 거예요. 당연해요. 엄마도 사람이잖아요."

제가 부모님과 상담하면서 가장 경계하는 것이 있습니다. 바로 부모가 스스로를 지나치게 자책하지 않도록 하는 것입니다. 물론

'아, 내가 했던 말은 도움이 안 됐던 거구나'라는 어느 정도의 반성과 새로운 다짐은 변화와 성장에 큰 도움이 될 수 있습니다. 하지만 그것을 넘어서 '모든 게 내 탓이었어. 내가 왜 그런 걸까?' 또는 '왜 나는 저렇게 말을 못하는 것일까?'라는 식의 지나친 자책은 앞으로의 변화에 전혀 도움이 되지 않습니다.

우리가 반드시 인정해야 할 것이 있습니다. 나는 인간이기 때문에 완벽하지 않다는 것이에요. 심지어 '엄마'라고 하더라도 아이의 모든 점이 예뻐 보일 수는 없고, 때문에 늘 사랑으로만 키울 수는 없는 법입니다. 엄마도 인간이니까, 엄마도 때로는 아이가 미울 수 있고, 감정조절이 잘 되지 않는 바람에 때로는 나답지 못한 모습이 툭 튀어나오기도 합니다. 하지만 이때 지나치게 자신을 자책하고 혼을 낸다고 해서 나의 이러한 유약한 면이 줄어드는 것은 아닙니다.

옆집 아이에게는 폭포수처럼 좋은 말을 말해줄 수 있지만 우리 아이에게 그런 말이 잘 안 나오는 이유는 우리 아이와 심리적 거리가 가깝기 때문입니다. 옆집 아이에게는 사심이 없으니 아이의 마음을 충분히 공감하는 게 가능하지만, 우리 집 아이는 그렇지 않아요. 우리 아이는 내가 제일 잘 안다는 생각에, 또는 조금이라도 더 잘됐으면 좋겠다는 욕심에 하나라도 더 알려주고, 고쳐주려고 하는 것이 바로 엄마의 마음입니다. 말해주고 싶은 것은 많은

데 아이와 있는 시간이 많지 않다 보니 그것이 잔소리가 되어버린 것이죠.

그러니 더 이상 자책하지 말고 인정할 건 인정해봅시다. 엄마는 아이에게 잔소리를 더 많이 할 수밖에 없는 상황에 있습니다. 엄마가 잔소리가 많아지는 것은 엄마 탓이 아니에요. 그렇다고 아이와 떨어져 살 수는 없는 법, 그렇다면 이러한 '악조건' 속에서도 잔소리를 줄이고 아이와 관계를 회복하기 위해서는 어떻게 해야 할까요?

엉킨 실타래가 불편한 이유

책상 위에 잔뜩 엉킨 실타래가 있습니다. 이제 내가 해야 할 일은 엉킨 실타래를 바라보는 것입니다. 하지만 왠지 모르게 마음이 불편합니다. 실타래가 잔뜩 엉켜 있으니 저것을 풀어버리거나 잘라버리고 싶은 마음이 불쑥 불쑥 드는 것이죠. 실제로 강의에서 만난 어머님들께 엉킨 실타래 사진을 보여드리면 어머님들 대부분이 미간을 찌푸리면서 "당장 잘라버리고 싶다"고 말씀하십니다. 엉킨 실타래는 무엇을 잘못했길래 이렇게 홀대받는 것일까요?

사실 엉킨 실타래가 잘못한 것은 아닙니다. 엉킨 실타래를 봤을 때 저처럼 마음이 불편한 사람도 있지만, 아무렇지 않은 사람도 있어요. 그렇다면 무슨 차이일까요? 어느 정도의 성향 차이일 수도 있지만 가장 뚜렷한 차이는 바로 '생각 차이'입니다. '엉킨 것을 풀어야 한다'는 내 생각이 나를 불편하게 만드는 것이죠.

옆집 아이와 우리 집 아이를 향한 나의 생각은 무엇일까요? 속상해서 울먹거리는 아이를 만났다고 생각해봅시다. 궁금해서 이유를 물어보니 공부를 열심히 한다고 했는데 시험에서 점수를 잘 못 받아서 선생님한테 혼이 났다고 합니다. 이때 이 아이가 옆집 아이라면 우리는 이렇게 말해줄 수 있습니다. "에구, 속이 많이 상했나 보다. 열심히 했는데 공부한 부분이 시험에 안 나왔나 보구나. 선생님도 너무하신다, 열심히 하려고 하는데 혼을 내시고! 괜찮아. 시험은 또 있으니까 다음에 열심히 해봐! 아줌마가 응원할게!"

이렇게 내가 훌륭하게 말할 수 있는 비결은 간단합니다. 옆집 아이가 말한 것을 그대로 믿어주었기 때문이에요. '열심히 공부했는데 시험 점수를 잘 못 받아서 속상하다'는 아이의 말에 나의 판단을 더하지 않았습니다. 그러자 우리는 선생님의 흉을 보기도 하며 아이의 마음을 온전히 이해할 수 있었고, 힘내라는 격려와 함께 대화도 훌륭하게 마무리할 수 있었습니다.

하지만 이 아이가 내 아이가 된다면 어떻게 될까요? "공부 열심히 한 거 맞아? 너 어제도 밥 먹고 게임했잖아. 엄마가 한 문제라도 더 풀어보라고 했지? 다음부터 더 열심히 하면 되지, 뭘 그걸 가지고 울어!" 그 아이가 우리 집 아이가 되면서 상황이 달라집니다. 옆집 아이와는 다르게, 우리 집 아이의 말에는 나의 생각을 곁들이기 시작하는 것입니다.

엄마 입장이 되면서 우리는 "공부 열심히 했는데"라는 아이의 말부터 점검하기 시작합니다. "열심히 한 게 맞아? 어제도 게임했잖아!"라고 아이의 말과 행동을 판단하며 참고 있었던 마음을 드러내요. '그렇게 열심히 하지도 않았으면서' 성적이 잘 나오지 않아 눈물을 흘리는 아이에게 화도 납니다. 그래서 그런 걸로 울지 말라는 말을 쏘아붙이며 대화가 마무리되고 말아요.

여기서 엄마가 무조건 잘못했다고 말할 수는 없습니다. 물론 아이에게 한 말이 상처가 될 수 있지만, 성적이 안 나왔다고 눈물을 흘리는 모습을 보면 엄마의 마음도 속상하고 화가 날 수 있습니다. **하지만 여기서 짚어봐야 할 것이 있어요. 바로 엄마의 '생각'입니다.** 엉킨 실타래를 보면서 '실타래는 풀어야 하는데'라는 생각이 나를 불편하게 한 것처럼, 우리 집 아이의 말을 들으면서 '과연 저 말이 사실일까?'라는 생각이 엄마를 불편하게 만들었을지도 모릅니다.

잔소리하기 전에 먼저 들어주세요

엄마들은 말합니다. 내 아이는 내 손바닥에 있다고 말이죠. 그만큼 내 아이만큼은 속이 훤히 들여다보이고, 표정만 봐도 무슨 말을 하는 것인지 다 알겠다고 자신합니다. 하지만 과연 그 말이 사실일까요?

잠시 아이 생각은 넣어두고 우리가 자주 쓰는 만 원짜리 지폐를 떠올려봅시다. 만원 지폐에 무엇이 그려져 있을까요? 정답은 0.1초 안에 나옵니다. 바로 '세종대왕'님이에요. 하지만 세종대왕님 뒤편에 어떤 그림이 또 하나 그려져 있습니다. 과연 무엇일까요? 그것은 바로 '일월오봉도' 입니다. 일월오봉도란 다섯 개의 산봉우리와 해, 달, 소나무 등으로 그려진 그림인데 주로 조선 시대 어좌의 뒤편에 놓여 있습니다. 임금님 뒤에는 항상 이 그림이 그려져 있었기 때문에 만 원짜리 지폐에 있는 세종대왕님 뒤편에도 역시 이 일월오봉도가 그려져 있는 것입니다. 그런데 왜 우리는 그동안 보지 못했던 걸까요?

"아는 만큼 보인다"는 속담은 틀린 말이 아닙니다. 하지만 여기에서 우리가 쉽게 놓치는 것이 한 가지 있습니다. **바로 생각보다 내가 아는 것이 적을 수 있다는 것입니다.** 우리에게 너무나도 익숙한 만 원 지폐를 우리는 과연 제대로 알고 있다고 할 수 있을까요? 자, 이제 다시 만 원짜리 지폐를 꺼내봅시다. 그럼 이전에는 전혀 보이지 않았던 일월오봉도가 이제는 너무나도 선명하게 보일 겁니다.

아이들의 이야기를 하다가 갑자기 만 원 지폐를 이야기한 이유가 여기에 있습니다. 일월오봉도는 늘 만 원짜리 지폐 속, 세종대왕님의 뒤편에 은은하게 그려져 있었습니다. 하지만 우리는 '세종대왕님'에 대한 생각이 너무나 큰 나머지 만 원짜리 지폐 뒤에 다른 무엇이 있는지 제대로 관심을 두지도 않았고 알지도 못했습니다. 아이들을 바라볼 때도 마찬가지였어요. **우리는 아이들의 속마음까지 꿰뚫어볼 수 있다고 생각합니다. 그래서 아이의 말을 끝까지 듣지 않아요. 그런데 그게 바로 문제의 시작이 되어버립**

니다.

그동안 우리는 아이가 말하려고 하는 것을 듣기보다, 내가 말하고 싶은 것을 먼저 말하는 데 익숙했습니다. 아이가 왜 숙제를 못했는지 그 이유를 듣기보다는 방금 전까지 게임을 신나게 했던 모습을 먼저 떠올렸죠. 아이의 말은 모두 핑계라고 생각했고, 내가 본 것이 옳다고 생각했습니다. 그러나 내 생각이 너무 커진 나머지 게임을 했던 아이의 행동 뒤에 어떤 속마음이 있었는지는 차마 들여다볼 겨를이 없었습니다. 나는 우리 아이를 정말 잘 알고 있는 것일까요?

잔소리에는 있지만 대화에는 없는 것

"엄마 잔소리는 정말 듣기 싫어요! 엄마랑 수다 떨고 싶은데 엄마는 계속 잔소리만 하잖아요." 입이 삐죽 나온 수현이에게 저는 이런 질문을 했습니다. "수현아, 잔소리랑 대화는 어떤 차이가 있는 것 같아?" 그러자 수현이가 곰곰이 생각하더니 대답했습니다. **"잔소리는 서로 마음이 아파요. 그런데 대화는 아니에요. 대화는 서로 나누는 거니까요."** 저는 수현이의 대답에 무릎을 쳤습니다. 잔소리는 말하는 사람과 듣는 사람을 모두 아프게 합니다. 잔소리는 대부분 '지적'으로 시작하기 때문입니다.

"옷은 서랍에 넣으라고 했지!"
"숙제는 하고 게임하는 거니?"
"밥 먹었으면 양치질을 해야지!"

잔소리는 일방통행입니다. 말하는 사람이 일방적으로 듣는 사람에게 이야기하고 듣는 사람은 마냥 들어야 해요. 자칫 반박했다가는 더 큰 일이 일어날지도 모르기 때문입니다.

잔소리에 있지만 대화에는 없는 것이 하나 더 있습니다. 바로 '판단'입니다.

"숙제 안 했지!"
"너 또 게임했지!"
"동생 그만 괴롭히라고 했지!"

잔소리에는 판단이 담겨 있습니다. 답이 이미 정해져 있는 엄마의 말에 아이들은 차마 반박하지 못합니다. "말해서 뭐해요. 엄마는 제 말 안 들어주시는데요." 수현이는 엄마 앞에서 자연스레 입을 다물게 되었습니다. 아이가 입을 다물수록 엄마는 아이가 자신의 말을 무시한다는 생각에 더욱 화가 났어요. 그리고 이러한 악순환이 반복되었습니다. 잔소리가 엄마와 아이를 다치게 하는 이유가 여기에 있습니다. 잔소리는 듣는 사람은 물론이고 말하는 사람도 불편하게 합니다. 지적과 판단이 담긴 말에는 날이 서 있기 때문입니다.

"선생님, 저도 잔소리는 당연히 싫죠. 아이와 자꾸 싸우게 되고 제 감정도 상하니까요. 그런데 제가 말을 안 하면 혼자서는 죽어도 안 해요. 그러니 저도 별수 있나요. 계속 잔소리를 하게 되네요." 수현이 엄마도 난감합니다. 아이가 스스로 척척 하면 좋겠는데 혼자서는 잘 안 하려고 하고 몇 번은 말해야 겨우 하는 둥 마는 둥 하니 엄마도 답답한 것입니다. 어쩌면 잔소리를 가장 멈추고 싶은 사람은 바로 엄마일지도 모릅니다. 하지만 위에서도 말했듯이 엄마로서 잔소리를 멈추는 것은 정말 어려운 일이에요. 이러한 악조건 속에서도 아이와 나를 위해 잔소리를 줄이는 방법은 무엇일까요?

> 잔소리를
> 줄이는 3가지 기술

잔소리는 서로 감정이 상하는 말입니다. 수현이의 말처럼 잔소리를 하면 서로 마음이 아플 뿐, 행동이 바뀌지 않습니다. 하지만 잔소리를 참는 것 역시 정말 어려운 일입니다. 내가 하고 싶은 말을 하지 않고 참는 것은 대단한 용기와 인내가 필요한 일이거든요. 그래서 노력해야 합니다. 아무 노력도 없이 잔소리를 하지 않을 방법은 그 어디에도 없어요. 그래서 너무나도 어렵지만, 노력하면 도움이 될 수 있는 세 가지 기술을 소개합니다.

①나의 생각과 사실을 구분합니다

아이가 빨래통에 양말을 뒤집어놓았을 때, 여러분은 어떤 생각이 떠오르나요?

'내가 몇 번이나 말했는데 귀찮아서 그냥 벗었군.'
'내 말은 아주 귓등으로 듣는 거야.'
'도대체 누구를 닮아서 그러는 거야. 남편이 몇 번 그러더니 아주 똑같이 따라하네.'

아이가 양말을 벗어놓은 것을 보고 우리는 순식간에 쉽게 규정하고, 판단하고, 심지어는 남 탓까지 하게 됩니다. 이러한 생각을 '자동적 사고'라고 해요. 인지치료에서 말하는 자동적 사고란 나의 마음속에서 진행되는 생각의 흐름인데, 멈추는 것이 쉽지 않다는 특징을 가지고 있어요. 또한 자동적 사고는 극단적이거나 '~라는 게 분명해'처럼 확신을 가진 어조로 표현되어 공감을 방해하고 잔소리를 부추기는 특징이 있습니다. 잔소리를 줄이기 위해서는 이러한 자동적 사고를 알아차리고 점검하는 것이 필요합니다.

자동적 사고를 점검하기 위한 가장 좋은 방법은 생각과 사실을 구분하는 겁니다. 위에서 소개한 예시로 살펴볼까요? 여기에서 '사실'은 아이가 빨래통에 양말을 뒤집어놓은 것입니다. 하지만

'귀찮으니까 그냥 벗은 거지', '내 말은 아주 귓등으로 듣는 거지', '남편을 보고 따라하는 거지'는 모두 '생각'에 해당합니다. 그런데 우리는 왜 이러한 생각을 하게 된 걸까요?

② 나의 생각을 점검합니다
사실과 생각을 구분했다면, 이제는 생각을 점검하는 것이 필요합니다. 나의 생각을 점검해야 자동적 사고를 멈추고 잔소리는 줄일 수 있습니다.

➡ **그렇게 생각한 이유는 뭘까?**
"지난번에 제가 말했을 때 엄청 귀찮다는 듯이 대답했어요. 사실 그때 아이가 대답한 걸 보면서 바로 생각했어요. '쟤는 또 양말을 뒤집어놓겠구나'라고요. 그래서 제가 그렇게 생각했나 봐요."

"애가 요즘 제가 무슨 말만 하면 '네네' 이러면서 대충 대답하더라고요. 마치 저를 무시하는 것처럼요. 그래서 그런 생각이 들었어요."

"저희 남편이 술만 먹으면 양말도 뒤집어놓고 옷도 아무데나 벗어놓거든요. 그게 짜증 나서 뭐라고 했는데 그게 생각이 났던 것 같아요."

이러한 과거의 경험은 나의 자동적 사고를 형성하는 주춧돌이 됩니다. 아이의 행동을 보면서 들었던 나의 생각이 이후 아이의 행동을 판단하는 데 밑거름이 되는 것이죠. 물론 이러한 생각을 하는 것 자체가 잘못된 것은 아니지만, 이러한 생각이 말로 나오는 순간 아이와 관계는 점점 멀어지게 됩니다. 우리는 그 순간을 조심해야 해요.

➡ 내 생각과는 다를 수도 있지 않을까?

자동적 사고는 순식간에 발생하지만 너무나 견고해서 쉽게 변화되지 않는 특징이 있습니다. 이를 위해 필요한 것이 바로 '논박'입니다. 나의 생각을 반박할 수 있는 증거들을 찾아보면서 다양한 관점으로 나의 자동적 사고를 점검하는 과정이 필요합니다.

당장 나의 생각을 반박하는 것이 힘들다면 때로는 시청자의 시선으로 상황을 바라보는 것도 좋습니다. 마치 지금의 상황이 드라마라면, 시청자는 이 상황을 어떻게 다르게 바라볼까요? 시청자라면 엄마의 상황에도 공감하지만 뭔가 이유가 있을 수 있는 아들의 상황에도 관심을 가져볼 수 있습니다. 나의 시선이 아닌 시청자의 시선으로 지금의 상황을 바라보면서 나의 자동적 사고에 반박해 보세요. '꼭 그게 아닐 수도 있잖아'라고 생각하는 순간, 나의 단단했던 자동적 사고도 흔들리게 됩니다.

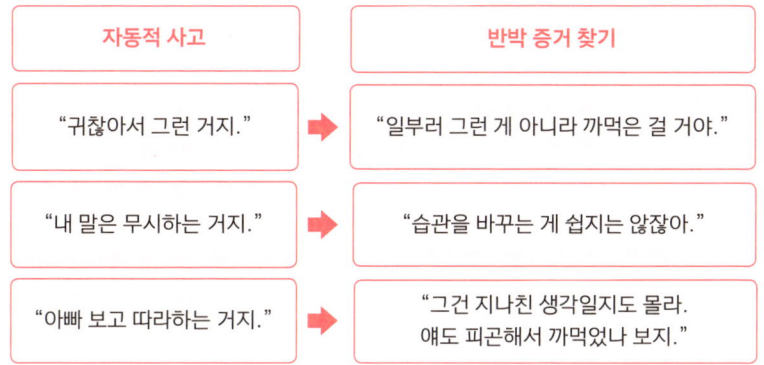

③ 아이에게 요청합니다

양말을 뒤집어 놓으면 빨래하기가 어렵다는 것, 숙제를 하지 않으면 안 된다는 것은 이미 모두가 알고 있는 사실입니다. 그 사실을 반복해서 지적하고 판단한다고 해서 다음에 잊지 않고 할 수 있었다면 오늘날 잔소리라는 것은 지구상에 존재하지 않았을 겁니다. **그러니 우리 잊지 말아요. 잔소리로는 사람을 바꾸기 어렵습니다.**

그렇다면 우리가 할 수 있는 것은 무엇일까요? **바로 요청하는 겁니다.** 가족이 집이라는 한 공간에 공존하는 것은 결코 쉬운 일이 아닙니다. 성격과 생활방식이 모두 다른 사람들이 함께하기 위해서는 서로를 배려하고 존중하는 태도가 필요해요. 그러한 태도를 아이들이 배울 수 있도록 직접 보여주고 때로는 알려주는 것도 우리 어른들의 역할일 겁니다.

➡ 일방통행은 No!

잔소리의 특징이 일방통행이라고 했던 것 기억하시나요? "저녁 먹고 바로 씻어", "게임 당장 꺼"라는 말은 강요이자 일방적인 통보입니다. 이럴 때는 "저녁 먹고 씻으면 좋겠다. 괜찮을까?"라며 엄마의 바람을 담아 부탁하거나, "게임은 얼마나 할까?"라며 사전에 미리 대화를 통해 약속하는 것이 좋습니다.

➡ 할 수 있는 행동을 말해주세요.

그렇다면 밤 10시까지 숙제하지 않고 게임하는 아이에게 "30분 내로 씻고 숙제 다 끝내야 해. 엄마랑 아까 10시 반까지 끝내기로 약속했지?"라고 말하는 것은 어떨까요? 물론 사전에 이야기를 나눈 것은 좋지만, 30분 안에 씻고 숙제까지 다 끝내는 것은 아이 입장에서는 결코 쉽지 않은 일입니다. 화가 나는 마음에 잔소리를 하는 것은 쉬울 수 있어도 이로 인해 아이와 깨진 관계를 회복하는 것은 쉽지 않습니다. 이럴 때는 "10시 반까지 숙제는 다 해야 해"라며 아이가 할 수 있는 행동으로 말해주는 것이 좋습니다.

➡ 긍정어로 말해주세요.

"게임하지 말랬지!"라는 말과 "숙제하면 좋겠다"라는 말의 차이점은 무엇일까요? 바로 감정입니다. "게임하지 말랬지!"라는 부정어는 '지적, 통제'와 같은 느낌이 들어 자동적으로 '혼난다, 짜증 난다, 싫다'와 같은 부정적 감정을 유발합니다. 반면 "숙제하면 좋겠다"는 긍정어는 '요청, 부탁'과 같은 느낌이기 때문에 거부감이 적습니다. 아이들의 행동이 변화되길 바란다면, 이왕이면 변화를 유도할 수 있는 말을 해야 하지 않을까요?

잔소리를 줄이는 데에도 노력이 필요합니다. 아이들이 행동을 변화하는 게 쉽지 않은 것처럼 우리도 잔소리를 갑자기 줄이기가 결코 쉽지는 않을 겁니다. 그럼에도 불구하고 이러한 노력은 분명히 가치가 있습니다. 지금의 노력이 1년 뒤, 10년 뒤 나와 아이의 관계를 분명히 빛나게 해줄 테니까요. 오늘부터, 변화를 시작해보는 건 어떨까요?

같은 의도라도 어떻게 '말'하느냐에 따라
아이들 역시 다르게 받아들이고 생각할 수 있습니다.
그러기 위해서는 아이의 성향을 생각하며
말하는 연습을 하는 것이 중요해요.
그래서 이번 장은 아이들의 성향에 따라
적용할 수 있는 엄마의 말을 준비했습니다.
다양한 사례를 통해 아이의 말과 행동 뒤에 있는
아이의 속마음을 먼저 이해해보는 시간이 되면 좋겠습니다.
꾸준히 연습한다면 '어려운 공감'도
충분히 가능해질 수 있을 거예요.

5장

공부 자존감을 만드는 대화 연습 :

"아이의 성향에 따라 화법이 달라야 합니다"

> "내 아이 맞아?"
> 나와는 다른 아이와 공감하기

어머님들과 이야기를 나눠보면 유독 입을 모아서 말씀하시는 것이 바로 '공감'이 어렵다는 말입니다. 분명 나는 공감을 꽤나 잘 하며 살아왔는데, 왜 유독 우리 아이에게는 공감하는 것이 어려운 걸까요?

> **공감**: 남의 감정, 의견, 주장 따위에 대하여 자기도 그렇다고 느낌. 또는 그렇게 느끼는 기분 (출처: 네이버 국어사전)

공감의 사전적 정의를 보면 재미있는 게 있습니다. 바로 공감에도 기본 전제가 있다는 사실입니다. 공감의 기본 전제는 바로 '나도 그렇게 느껴야 한다'입니다. 그리 틀린 말은 아닌 것 같습니다. 그동안 우리가 미친 공감력을 보일 수 있었던 이유는 '나도 그렇게 느낀 순간'이 많았기 때문이니까요.

마치 '네 맘 = 내 맘'과 같은 친구들과의 수다에서는 공감이 그리 어렵지 않습니다. 당연히 화가 나는 일이면 친구 이야기만 들어도 화가 나고, 너무나 기분 좋은 일이면 상상만 해도 짜릿하기 때문이죠. 내 생각과 비슷한 이야기를 들었을 때, 공감은 너무나도 자연스럽게, 그리고 쉽게 일어납니다.

이와 같이, 우리가 그동안 해왔던 공감은 사실 큰 어려움이 없었습니다. 내 생각도 그 사람과 같았으니까요. 이런 공감은 '쉬운 공감'입니다. 나도 그렇게 느끼기 때문에 리액션만 잘해도 공감은 절로 일어납니다.

그렇다면 '어려운 공감'은 무엇일까요? 바로 내 생각이 그 사람과 다를 때입니다. 생각이 다른데 공감을 하는 것은 무척이나 어렵습니다. 일단 이해가 안 되고 도무지 어떤 반응을 해줘야 할지도 모르겠고, 무엇보다 왜 내가 이걸 듣고 있어야 하는지도 모르겠다는 생각만 할 뿐이죠.

우리는 그동안 '쉬운 공감'을 하며 살아오지 않았나요? 어렸을 때부터 친한 친구랑 붙어 다녔고, 내가 좋아하는 선생님 말만 들었고, 맘에 안 드는 직장 상사 말은 한 귀로 흘리거나 억지로 리액션을 해주긴 했어도 금방 자리를 피해서 관계를 깊게 이어가지는 않으려고 했습니다. 우리는 살면서 '어려운 공감'을 할 필요를 굳이 느끼지 못했고, 일부러 그런 상황도 만들지 않았어요. 그래도 세상을 살아가는 데는 큰 어려움이 없었거든요.

하지만 아이가 태어나면서부터 상황이 달라졌습니다. 내 유전자가 분명히 섞여 있을 텐데 나와는 너무나 다른 아이를 보면서 '어려운 공감'을 쥐어짜야 할 때가 많았거든요. '나는 그동안 공감을 잘해왔는데 왜 아이 앞에서는 안 되는 걸까?'라는 고민을 하셨다면 이제는 이렇게 인정해보면 어떨까요?

"아, 나도 '어려운 공감'은 처음이구나······."

그동안 나는 '어려운 공감'은 잘 해보지 못했고 배울 기회도 없었습니다. 그런데 갑자기 아이에게 하려고 하니 어렵고 서툴고 때론 잘 안 돼서 화만 나는 이 모든 것은 사실 지극히 정상입니다. 초보는 원래 실수를 많이 합니다. 하지만 걱정하지 마세요. 초보자도 숙련자가 될 수 있어요. 바로 '이해'와 '연습'을 통해서 말이죠.

먼저, 아이의 성향을 이해해야 합니다. 우리는 쉽게 이렇게 말합니다. 성격 급한 우리 아이가 차분해졌으면 좋겠고, 작은 일에도 쉽게 우는 아이가 대범해지면 좋겠다고 말이죠. 하지만 기질과 성향 자체를 바꾸는 것은 굉장히 어렵습니다. 이럴 때는 성격 급한 우리 아이가 실수를 줄이면 좋겠고, 작은 일에도 쉽게 우는 아이가 조금씩 도전해보면 좋겠다고 말하는 것이 훨씬 더 실현 가능한 일일지도 모릅니다. 그러기 위해서는 아이의 말과 행동 뒤에 있는 아이의 성향을 먼저 이해하는 것이 중요합니다.

그리고 연습이 필요합니다. 같은 의도라도 어떻게 '말'하느냐에 따라 아이들 역시 다르게 받아들이고 생각할 수 있습니다. 그러기 위해서는 아이의 성향을 생각하며 말하는 연습을 하는 것이 중요해요.

그래서 이번 장은 아이들의 성향에 따라 적용할 수 있는 엄마의 말을 준비했습니다. 다양한 사례를 통해 아이의 말과 행동 뒤에 있는 아이의 속마음을 먼저 이해해보는 시간이 되면 좋겠습니다. 꾸준히 연습한다면 '어려운 공감'도 충분히 가능해질 수 있을 거예요.

"못하면 어떡하지?"
불안감이 높은 아이

Q. 저희 아이는 시험이나 발표를 앞두고 긴장과 불안이 많은 편이에요. 평소에 공부도 열심히 하는데 오히려 긴장을 많이 하는 바람에 평소보다 실력이 안 나오는 것 같아요. 특히 '못하면 어떡하지?'라고 걱정을 많이 해서 시험 전날이 되면 스트레스가 심해져요. 제가 걱정하지 말라고, 시험 잘 못 봐도 괜찮다고 이야기를 해도 오히려 저한테 짜증만 내고 제가 다 힘드네요. 이럴 때는 어떻게 하면 좋을까요?

시험을 앞두고 유독 불안감을 호소하는 아이들이 있습니다. 특히 평소 예민하거나 긴장을 잘 하는 아이들은 시험이나 중요한 발표를 앞두고 스트레스를 많이 받아요. 저 역시 그런 아이였습니다. 시험을 앞두고 긴장을 많이 한 탓에 엉엉 울기도 했어요. 그런 저의 모습을 보고 엄마는 늘 "학교 시험은 별거 아니야, 시험 못 봐도 괜찮아"라는 말씀을 하셨습니다. 그래도 제가 눈물을 훔치면 "그렇게 눈물 흘릴 시간에 한 문제라도 더 보겠다!"라는 한마디도 하셨죠.

지금 돌아보면 그때 그 말이 어떤 의미였는지 충분히 이해가 가지만 사실 당시에 엄마의 말은 저에게 큰 도움이 되지 않았습니다. 시험이 중요한데 별거 아니라니, 나는 시험을 잘 봐야 하는데 시험을 못 봐도 괜찮다는 엄마의 말이 오히려 야속하게 들렸죠.

그러면 "걱정할 시간에 한 문제라도 더 보겠다!"라는 말은 어떨까요? 불난 집에 부채질하는 격입니다. 저도 공부를 하고 싶은데 아무리 집중을 하려고 해도 공부가 안 되는걸요. 꼭 기억해주세요. 시험 전날, 긴장하지 않고 찬찬히 복습을 하고 싶은 사람은 바로 아이들이라는 사실을요.

파국화, 불안을 키우는 생각 습관

시험을 앞두고 불안을 느끼는 것은 당연합니다. 소화도 잘 되지 않고 몸에 힘이 들어가는 모습은 어쩔 수 없는 몸의 반응일지도 몰라요. 하지만 시험불안이 심한 아이들은 이러한 자신의 모습에 더욱 과한 반응을 보입니다. 배가 심하게 아프거나 두통이 심하고, 심하면 시험지가 잘 보이지 않는다는 말까지 하죠. 여기서 중요한 것은 이러한 아이들의 말들이 단순한 핑계가 아니라는 겁니다. 그렇다면 무엇이 문제인 걸까요? **바로 아이들의 생각입니다.**

시험불안이 높은 아이들은 몸이 긴장을 하면 과잉 해석을 시작합니다. 일반 아이들은 시험을 앞두고 심장이 쿵쾅거리면 '긴장했나 보다'라고 생각하는 반면, 시험불안이 높은 아이들은 '시험을 망칠 게 분명해', '엄마한테는 뭐라고 말하지?'라며 이미 시험을 망쳐서 속상해하는 자신의 모습을 떠올리게 돼요. 이러한 생각 습관을 '파국화'라고 합니다. 이러한 파국화가 일어나면 감당할 수 없는 공포감이 생기며 몸에도 이상반응이 나타나기 시작합니다. 결국 아이들이 두려워하던 것처럼 시험을 망치는 악순환으로 이어져버려요.

이럴 때, 긴장한 아이들을 보는 부모님은 애가 탑니다. 평소의 컨디션대로 시험을 봐야 실수도 줄일 수 있을 텐데 갈수록 긴장을 하는 아이들을 보니 덩달아 긴장도 되고 걱정이 되는 것이죠. 우리는 아이들이 걱정은 멈추고 좋은 생각을 많이 하길 바랍니다. 그러다 보니 아이들에게 하는 말이 "걱정하지 마", "긴장하지 마", "시험 별거 아니야"일지도 모릅니다.

하지만 결론적으로 이 말은 아이들에게 큰 도움이 되지 않습니다. 왜 그런 걸까요? 어느 날, 저를 찾아온 민호는 이런 말을 했습니다. "선생님, 위로가 되는 좋은 말들이 요즘에는 도움이 안 돼요." 다 잘될 거라는 말을 처음 들었을 때 민호는 마음이 시원했다고 했습니다. 긍정적인 말이 민호의 마음을 편안하게 해준 것이죠. 하지만 어느 순간부터 마음이 답답해지기 시작했다고 합니다. "걱정하지 마, 다 잘될 거야"라는 말을 들어도 속으로는 '아닌데, 잘 안 될 것 같은데'라는 생각이 들면서 마음이 편안해지기는커녕 파국화 현상만 심화시켰던 것이죠.

스위치를 켜고 끄는 것처럼 내 생각도 없애고 싶을 때가 있습니다. **하지만 생각을 없애려고 애를 쓰는 순간, 머릿속에는 '없애야 할 생각'이 다시 떠오릅니다.** "걱정하지 마"라는 말을 들으면 어떻게 될까요? 걱정스러운 일들이 떠오릅니다. "다 잘될 거야"라는 말이 개운하지 않은 이유는 이 말을 들으면 내 머릿속에서 지금 잘 되지 않고 있는 무언가가 떠오르기 때문입니다. 그리고 이런 생각이 반복될수록 아이들은 두려움이 생깁니다.

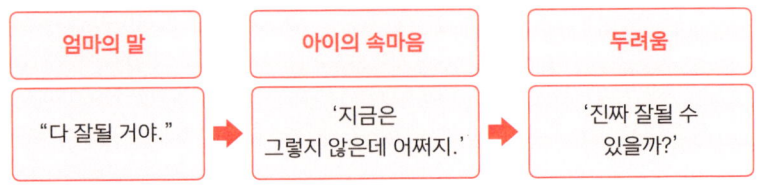

"정말 긴장되겠다. 그럴 수 있을 것 같아"

'긍정'의 진짜 뜻이 무엇인지 아시나요? 긍정이라는 의미는 우리가 생각한 것처럼 모든 것을 좋게 바라본다는 뜻이 아닙니다. 사전에서 '긍정'의 뜻을 찾아보면 '그러하다고 생각하여 옳다고 인정함'이라고 적혀 있어요. 좋게 생각하는 것이 아니라 그렇다고 인정하는 것이 올바른 긍정이라니, 참 재미있죠?

시험을 앞두고 긴장을 한 아이에게 "긴장하면 안 돼", "떨면 안 돼", "시험은 별거 아니야"라는 말이 도움이 되지 않는 이유가 여기에 있습니다. 이 말들은 오히려 아이의 감정을 부정하고 무시하는 말입니다. 나도 모르게 떠오르는 감정들을 무시하고 외면하면 어떻게 될까요? 에너지를 쓰게 됩니다. 그것도 엄청난 에너지를 쓰게 돼요. 안 그래도 시험공부를 하느라 에너지를 썼는데 감정을 무시하기 위해 또 에너지를 쓰게 되니 평소의 실력을 발휘하지 못하는 것이 당연한 일일지도 모릅니다.

불안하고 긴장하는 아이들에게는 감정을 제대로 긍정하는 말이 필요합니다. 자신의 마음을 올바로 들여다보고 인정할 수 있을 때, 오히려 감정은 널뛰기를 멈추고 흘러갈 수 있습니다.

"정말 긴장되겠다. 그럴 수 있을 것 같아."
"잘할 수 있을까, 실수하지는 않을까, 이런 생각도 들겠다. 엄마도 예전에 그랬어."

아이들의 마음을 제대로 긍정해주세요. 시험이라 당연히 떨리고 긴장할 수 있는 마음을 알아봐주시기 바랍니다. 내일 있을 중간고사가 아이들의 긴 인생에서는 아주 작은 시험일지도 모르지만 당장 내일 시험을 볼 아이들에게는 인생에서 가장 큰 시험일 수도 있다는 것을 인정해주세요.

자신의 마음을 인정하고 올바로 들여다볼 수 있을 때, 긍정적인 마음도 싹트게 됩니다. **불안감이 높은 아이에게 우리가 해주어야 할 말은 "그런 생각 하지 마"라는 말보다는 "그런 생각이 들 수 있겠다"입니다.**

화나면 입을 다무는 아이

Q. 선생님 말씀을 듣고 아이가 화가 나면 같이 화를 내지 말고 차분하게 이야기를 나눠보려고 해요. 그런데 저희 아이는 화가 나면 입을 꼭 다물어요. 말을 해보라고 해도 도무지 입을 열지 않네요. 제가 혼내는 것도 아닌데 도대체 왜 이러는 걸까요?

　화가 나면 입을 꼭 다무는 아이가 있습니다. 무엇 때문에 화가 났는지 말을 해야 공감을 하던 조언을 해주던지 할 텐데 입을 꼭 다물어버리니 이를 보는 엄마는 당연히 애가 탑니다. 그래도 같이 화를 내지 않고 차분하게 이야기를 나눠보려는 어머님의 노력에 우선 박수를 보내드리고 싶어요. 그런데 왜 아이는 이렇게 입을 다물고 있는 걸까요?

아이의 시간을 이해해주세요

가장 먼저 아이들의 발달상황을 이해할 필요가 있습니다. 아이의 두뇌는 성인과 많이 다릅니다. 특히 가장 차이가 나는 부분이 바로 전두엽이에요. 전두엽은 두뇌에서도 고등사고를 하는 기관으로 주로 이성적으로 판단하고 사고하며 계획하고 실행하는 역할을 담당합니다. 그래서 화가 났을 때 전두엽은 자신이 무엇 때문에 화가 났는지, 지금 상황이 화를 낼 만한 상황인지 판단하고, 더 나아가 화를 내는 수위도 조절하는 역할을 수행합니다. 매우 큰 역할이죠. 하지만 청소년기에는 전두엽 부분이 아직 공사 중입니다.

그러다 보니 아이들은 "왜 화났어?"라는 엄마의 질문에 쉽게 대답하는 것이 어렵습니다. 자신의 감정이 어떠한지, 왜 이러는 것인지 스스로도 혼란스러울 때가 많거든요. 마치 내 마음속에 뿌연 안개가 낀 것처럼 말이죠. 아이들은 엄마에게 반항을 하려고 입을 꾹 다문 것이 아닙니다. 자신도 잘 모르겠는 뿌연 속마음을 시원하게 설명하는 것이 어려워서 입을 다물고 있는 거예요.

그래서 우리는 아이들의 시간을 이해하고 기다려주는 것이 필요합니다. 우리도 화가 났을 때 갑자기 내 마음을 설명하려고 하면 오히려 흥분이 되고 말이 잘 안 나올 때가 있습니다. 이럴 때는 차라리 내 마음을 정리할 시간을 가지는 것이 필요합니다. 그러면 오히려 실수하지 않고 내 마음을 편안하게 이야기할 수 있거든요. 아이들도 마찬가지입니다. **아이들에게도 자기 마음을 들여다보고 이해할 수 있는 시간이 필요해요. 그리고 아이들의 시간은 우리의 시간보다는 조금 더 길 수 있다는 것을 기억해야 합니다.**

상담실에 와서도 입을 꼭 다물고 있는 아이들이 있습니다. 하지만 저는 이때 아이들을 붙잡고 빨리 말하라며 채근하지 않으려 합니다. 대신 "저런, 속상한 일이 있었나보구나. 네가 아무 이유 없이 그러지는 않았을 텐데 말이야"라고 말하며 아이에게 시간을 줍니다. "아직 선생님한테 말할 준비가 되지 않았으면 선생님이 기다려줄게. 여기 다른 책도 있고 블록놀이도 있으니 이걸 해도 괜찮아. 네가 준비가 되면 그때 나에게 와서 이야기해줄래?" 그리고 저 역시 제가 하던 일을 계속하며 아이의 시간을 기다립니다. 그러면 준비를 마친 아이들이 제게 달려와 이런 말을 합니다. "선생님, 저 이제 말할 준비 다 됐어요."

"왜 그래?"라는 말의 함정

"왜 화가 난거야?"라는 엄마의 말에 아이들이 입을 꾹 다무는 이유가 한 가지 더 있습니다. 바로 '왜'라는 말 때문입니다. "아니, 물어보는 게 뭐 어때서요?"라는 생각이 드실 수도 있습니다. 그런데 생각보다 '왜'라는 말은 듣는 사람에게는 꽤 위협적인 말이 될 수 있습니다. '왜'라는 말 속에 담긴 함축적인 의미 때문입니다.

(그러면 안 되는데) "왜 그런 거야?"
(내 말은 들어야지) "왜 말을 안 들어?"
(숙제는 해야지) "왜 숙제를 안 한 거야?"

이처럼 '왜'라는 말 속에는 '그러면 안 되는데 원래의 범주에서 벗어났다'는 의미가 은연중에 담겨 있습니다. 또한 '왜'라고 묻게 되면서 나도 모르게 지적을 하는 것처럼 말을 하게 됩니다. 그래서 상담을 공부할 때 가장 먼저 배운 것이 질문에서 '왜'를 줄여보는 것이었어요. "왜 그러신 거예요?", "왜 그렇게 생각하세요?"라는 말을 들으면 나도 모르게 내가 잘 못해서 추궁을 받는 것처럼 느껴집니다. 아이들도 그러지 않을까요? 내가 뭐라도 말을 잘못했다간 더 크게 혼날 것 같다는 생각에 입을 꾹 다물고 있는 것이죠.

이럴 때는 '왜'라는 말 대신에 '어떤 이유'라는 말을 사용해보세요. "어떤 이유가 있을까?"라고 하면 자연스레 아이들을 지적하는 것이 아닌 궁금해하는 태도로 바뀌게 됩니다. 듣는 아이들 입장에서도 나를 혼내려고 하는 것이 아니기 때문에 마음이 한결 더 편안해져요. 매번 생각하고 말하는 것이 어려울 수 있습니다. 하지만 우리는 아이들보다 전두엽이 더 발달한 어른들이잖아요. 조금의 배려로 아이들과 대화를 더 잘할 수 있다면 충분히 노력해볼 만하지 않을까요?

> "나는 이건 못해요"
> 해보지도 않고 포기하는 아이

Q. 저희 아이는 "나는 이거 안 할래", "나는 이거 못해"라는 말을 달고 살아요. 공부를 못하는 것도 아니고 끈기가 없는 것도 아닌데 새로운 것을 배울 때면 유난히 겁을 먹고 시작을 하지 않으려고 해요. 조금이라도 해보고 나서 말하면 좋겠는데 처음부터 안 한다고 떼를 쓰니 저도 어떻게 해야 할지 모르겠어요.

'나는 이거 못해', '이건 어려워'라는 생각으로 똘똘 무장한 아이들이 있습니다. 방금 질문하신 어머님 자녀도 이러한 경우지요. 하지만 그렇다고 이 학생이 끈기가 없거나 이해력이 부족한 것은 아닙니다. 이 친구들도 자신이 좋아하고 잘하는 것은 매우 열심히 하거든요. 다만 새로운 것에 쉽게 용기를 내는 것이 어려울 뿐입니다. 뭐라도 해보고 말하면 좋겠는데 해보지도 않고 못한다고만 하니 부모님은 답답할 노릇입니다. 하지만 그렇다고 "너는 왜 이렇게 겁이 많아", "그냥 한번 해보고 말해! 못해도 괜찮아!"라고 말한다고 해서 도움이 되는 것도 아닙니다. 이럴수록 아이들은 더 움츠러들기 마련이거든요.

자기도식이 강한 아이들

제가 앞에서 자기도식(self-schema)를 설명했던 것 기억하시나요? '나는 ~한 사람이야'처럼 스스로에 대해 공식처럼 가지고 있는 생각이나 신념이 바로 자기도식입니다. 위에서 아이들이 "나는 이거 못해"라고 하는 것과 비슷하지요? 이 아이들은 '나는 이런 건 잘 못해/서툴러/어려워'라는 생각을 매우 강하게 가지고 있습니다. 때문에 새로운 것을 앞두고 느끼는 두려움이 다른 아이들보다도 훨씬 크기 마련입니다. 부모님 말씀처럼 아직 경험해보지도 않았는데 스스로 만들어낸 생각으로 두려움을 더 키운 것이죠.

물론 아이들이 아무 이유 없이 이러한 부정적인 도식을 가지고 있는 것은 아닙니다. 자기도식은 경험을 토대로 형성되는 것처럼, 아이들은 과거의 실패 경험, 친구들에게 무시받았던 경험, 부모님/선생님에게 비난받았던 경험 등을 통해 '내가 먼저 해봤자 잘 못하면 웃음거리가 될 거야', '내가 잘 모르는 건 분명히 실수할지도 몰라'라는 도식을 강하게 가지게 됩니다. 때로는 이러한 생각들이 아이들에게 도움이 되었을지도 몰라요. 친구들의 모습을 보면서 '거봐, 내가 먼저 하지 않길 잘했지'라는 생각이 아이들에게 큰 보상으로 다가왔을 테니까요.

하지만 이러한 생각들이 항상 도움이 되는 것은 아닙니다. 지금 아이들은 새로운 것을 배우고 경험하고 성장해야 할 시기입니다. 그리고 새로운 것을 배우고 내 것으로 만들기 위해서는 좌절과 실패도 반드시 따르는 법이에요. 두렵다고 마냥 피하기만 한다면 아이들은 온실 속의 화초로 살아갈지도 모릅니다.

이러한 강한 자기도식이 도움이 되지 않는 또 하나의 이유가 있습니다. 자기도식이 지나치게 강하면 폐쇄적인 사고 역시 커지기 때문입니다. 폐쇄적 사고란 말 그대로 생각이 닫혀 있는 것을 말합니다. 늘 자신의 생각이 옳다고 여기기 때문에 다른 사람들의 의견을 경청하거나 쉽게 받아들이지 않습니다. 그러기 때문에 자신과 의견이 다른 친구들과 쉽게 다투고 주변에서는 '고집이 센 아이'라고 여겨지기 쉬워요. 아이들은 독불장군처럼 고집만 부리는 것보다는 열린 마음으로 협력하는 것이 더 중요한 시대에 살고 있습니다. 아이들을 위해서라도 우리는 아이들이 개방적으로 사고하고 열린 마음을 가질 수 있도록 도와야 합니다.

"걱정이 되나 보구나"

시도해보지 않고 불안해하는 아이에게 "해보지도 않고 왜 그래", "못해도 괜찮아"라는 말은 전혀 도움이 되지 않습니다. 이런 말을 듣는 아이들은 '그러게. 왜 나만 그러는 거야? 나는 정말 안 되나봐'라며 스스로를 자책하고 더 불안에 떨기 십상이거든요.

누구나 처음 해보는 것에는 두려움이 있기 마련입니다. 변화를 좋아하는 사람은 많지 않아요. 대부분 불확실성보다는 지금의 안정된 환경을 더 좋아하기 때문입니다. 아이들도 마찬가지입니다. 이럴 때는 아이들의 불안한 마음이 진정될 수 있도록 먼저 도와주세요. **"걱정이 되나 보다", "불안하구나. 그럴 수 있지"**라고 말해주면서 아이들의 감정을 알아주시기 바랍니다. 아이들이 불안을 느끼고 걱정하는 것이 자연스러운 일이라는 것을 알려주면 아이들은 불안을 더 이상 키우지 않게 됩니다.

"엄마가 먼저 해볼까?"

아이들이 새롭게 시도해보는 것에 대해 불안감이 높으면 **간접경험을 통해 불안감을 낮출 수 있도록 도와주세요.** 다른 사람이 성공하는 것을 관찰하는 것만으로도 아이들은 모방학습을 할 수 있습니다. 이때 자신과 비슷한 사람일수록 쉽게 '내 것'으로 만들게 됩니다. '내 친구도 할 수 있으니 나도 할 수 있겠는걸?'이라는 생각이 드는 것이죠. 꼭 친구가 아니라도 부모님 역시 좋은 모델이 될 수 있습니다. 아이가 새로운 스타일의 문제를 푸는 것을 어려워한다면 **부모님이 먼저 소리를 내며 문제를 풀어보면서 아이에게 어떻게 하면 되는지 알려주시기 바랍니다.** 비록 직접 문제를 풀지는 않더라도 아이들은 엄마의 문제풀이 방법을 따라가며 머릿속으로 문제를 풀어보고 있을 겁니다. (이제 모두 아시겠지만) 이때, "쟤도 하는데 너라고 못하겠어?"와 같은 비교는 금물입니다!

"오늘은 이렇게 해보는 거 어때?"

폐쇄적 사고가 강한 아이들은 삶의 전반에서 폐쇄적인 모습들이 관찰됩니다. 매번 똑같은 옷을 입으려고 하고, 새로운 반찬이 나오면 먹어보지 않고, 매일 가던 길로만 걸어가려고 하죠. 이때 갑자기 큰 변화를 시도하는 것은 아이들에게도 큰 부담일 수 있습니다. 그렇다면 작은 것부터 새롭게 도전을 해보는 것은 어떨까요? 매일 분홍색 옷만 입었던 아이라면 남색 옷도 입어보고, 매일 가던 길 대신 다른 길로도 걸어보면서 **일상 속 작은 변화를 시도해보세요. 변화는 두려운 것이 아니고 때로는 더 나은 결과로 이어질 수 있다는 것을 경험하는 것이 아이들에게 필요합니다.** 개방적 사고는 큰 계기가 아닌 사소한 경험들이 모이면서 형성됩니다.

> "난 수학이 싫어"
> 특정 과목을 싫어하는 아이

Q. 유독 저희 아이는 수학을 싫어해요. 성적이 엄청 떨어지는 것도 아닌데 학원에서 수학 시험을 본다고 하면 학원 가기 싫다고 떼를 씁니다. 학원을 바꿔보기도 하고, 잘할 수 있다고 격려도 해주었는데 수학은 여전히 싫다고 하네요. 방법이 없을까요?

특정 과목에 대한 공포증을 가지고 있는 아이들이 있습니다. 실제로 병이 있는 것은 아니지만 마치 특정 공포증을 가지고 있는 것처럼 어떤 과목은 유달리 싫어하는 것이죠. 위에서 말씀해주신 것처럼 수학을 유독 싫어하는 아이는 수학 수업이 있는 날이면 학교 가는 것을 싫어하고, 수학 시험을 앞두고는 배탈이 나고 머리가 아프다고 합니다. 긴장을 하니 평소보다 실력을 제대로 발휘하지 못하는 것은 어쩌면 당연한 일일지도 모릅니다.

공부도 감정입니다

저는 공부도 결국 감정이라고 생각합니다. 공부가 재미있어지면 더 하고 싶은 마음이 들고 하루가 즐거울 수 있지만, 재미없는 공부를 할 때면 세상의 모든 것이 지루하고 짜증이 나기 마련이니까요. 하지만 감정이라는 것은 아무 이유 없이 생기는 것이 아닙니다. 과거의 경험과 생각도식들이 결합되면서 좋거나 싫은, 재미있거나 지루한 감정을 유발합니다.

그래서 특정 과목에 유난히 불쾌한 감정을 가지고 있는 아이라면 그러한 감정을 가지게 된 계기를 찾아보는 것이 먼저입니다.

"수학이 언제부터 싫었어?"
"수학을 떠올렸을 때 가장 끔찍했던 경험은 뭐야?"
"수학이라는 단어를 들으면 뭐가 떠올라?"
이렇게 아이에게 수학과 관련한 생각이나 경험에 대한 질문을 해보세요. 그러면 단순히 '재미없어서'가 아닌 다른 답변이 나올지도 모릅니다.

"학원 선생님이 내가 점수 안 나왔다고 이것도 못해서 대학이나 가겠냐고 했어요."

"아빠가 제가 모르는 거 설명해주셨는데 이해 못한다고 때리셨어요."

"짜증 나요. 친구들은 다 아는데 우리 교실에서 나만 모른단 말이에요."

아이들이 유독 싫어하는 과목은 대부분 '수치심', '창피함'이라는 감정과 연결됩니다. 그 과목 때문에 공개적으로 혼났던 경험, 모욕적인 말을 들었던 경험, 자신이 바보 같다는 생각을 하게 되면서 점점 그 과목을 싫어하게 되는 것이죠.

"너무 속상했겠다"

공부도 결국 감정이기 때문에 부정적 감정을 유발시킨 고리를 끊어내는 것이 먼저입니다. 이때 "그런 생각 하지 마", "다 널 위해서 그런 거야"라는 말은 전혀 도움이 되지 않는다는 것, 이제는 아시겠죠? 아이가 이런 말을 하면 우선 아이들의 감정을 인정해주시기 바랍니다.

"에구, 그런 일이 있었구나. 엄마는 몰랐네."
"그랬으면 정말 속상했겠다. 수학이 싫기도 했겠어."

자신의 감정이 받아들여지는 경험을 하는 아이들은 수학에 대한 미운 감정을 점차 거두게 됩니다. 사실 아이들은 수학이 싫은 것이 아니었어요. 나를 때린 부모님, 나에게 심한 말을 한 선생님, 내가 잘 이해가 되지 않았던 환경에 대한 속상함이 있었을 겁니다. 하지만 다른 사람의 탓을 할 수 없으니 비난의 화살을 수학으로 돌려버린 거예요. 이때, 누군가 내 마음을 알아주면 상황은 달라집니다. 충분한 공감을 받은 아이들은 감정이 정화됩니다. 내가 싫었던 것은 수학이 아니라 그러한 상황이었다는 것을 알게 된다면 수학에 대한 새로운 경험을 받아들일 수 있는 마음의 공간이 생겨납니다.

"괜찮아. 이것부터 해볼까?"

아이가 학교 진도를 따라가지 못한다고 해서 무작정 문제집을 사 주는 것은 큰 도움이 되지 않습니다. 마치 젓가락질을 못하는 아이에게 콩을 옮기라고 하는 것과도 같아요. 젓가락질을 어려워한다면 젓가락을 쥐는 연습부터 해야 합니다. 지금 당장은 젓가락질이 서툴더라도 기본을 제대로 갖춘 아이들은 쉽게 콩을 옮길 수 있어요.

학교 진도를 따라가지 못하는 아이는 어떤 부분을 어려워하는지, 어디까지는 스스로 해낼 수 있는지 점검하는 것이 중요합니다. 분수를 제대로 이해하지 못한 아이가 분수의 곱셈을 해내는 것은 힘든 일입니다. 하지만 먼저 분수에 대한 개념을 올바로 이해한 뒤에 곱셈을 하도록 한다면 보다 쉽게 문제를 해결할 수 있을 거예요.

"괜찮아. 기본을 탄탄하게 익히면 어려운 문제도 쉽게 풀 수 있어. 여기부터 해볼까?"

5학년이 3학년 문제집을 푼다고 해서 "아직도 이걸 모르면 어떡하니!"라고 핀잔하지 말아주세요. 자신이 잘 모르는 부분을 정확하게 알고 있는 것만으로도 매우 훌륭한 겁니다. **아이가 공부를**

하며 부끄러움이나 수치심이라는 감정을 겪지 않도록 도와주시기 바랍니다. 지금은 속도가 조금 늦더라도 차근차근 해내는 아이를 격려해주세요. 그러면 어느새 아이는 뿌듯함을 경험하며 재미를 느끼기 시작할 겁니다. 부끄러움이 재미로 변하는 시점, 그 시점이 공부에 대한 감정이 변하는 시작점입니다.

> **"그만할래요"**
> **끈기가 없는 아이**

Q. 저희 아이는 "저 이제 그만할래요"라는 말을 밥 먹듯이 할 정도로 끈기가 없어요. 조금만 해보고 안 될 것 같으면 바로 포기를 해버려요. 그러니까 아이가 매사에 자신감도 없고 자존감도 점점 낮아지는 것 같아 고민입니다.

　포기가 습관이 되어버린 아이들이 있습니다. 사연 속 아이처럼 어려운 낌새가 보이면 바로 포기해버리는 것이지요. 이러한 아이를 보는 부모님과 선생님은 속이 탑니다. 하지만 그렇다고 해서 억지로 시킬 수도 없는 노릇입니다. 엄마의 잔소리로 억지로 엉덩이는 의자에 붙이고 있어도 몸과 마음은 이미 멀리 떠나버렸거든요.

실패가 두려운 아이들

포기하는 아이들의 가장 큰 감정은 어쩌면 '두려움'일지도 모릅니다. 바로 실패에 대한 두려움이요. 아이들은 실패를 경험하면서 겪을 좌절감, 엄마의 잔소리, 그로 인한 수치심에서 벗어나고 싶은 마음에 '에라 모르겠다!'며 중도 포기를 선언합니다. 하지만 아이러니하게도 포기를 선택하면서 아이들은 또다시 '실패'를 경험합니다. 힘들어도 노력을 통해 변화를 조금이라도 경험한 아이들은 '노력하면 점점 나아질 수 있어'라는 귀중한 교훈을 얻는 반면, 중도 포기한 아이들은 '거봐, 해도 안 되잖아. 차라리 그만하는 게 나아'라는 생각을 곱씹으며 조금 더 일찍 포기하지 않은 것을 후회합니다. 실패로부터 벗어나고자 애를 쓰지만 결국 그것이 다시 실패라는 경험으로 다가오는 것이죠.

실패는 누구에게나 개운하지 않습니다. 우리 모두 살아가면서 즐겁고 뿌듯한 경험만을 지속하기를 바랍니다. 하지만 성장하기 위해서 실패는 불가피합니다. 갓난아기가 만 번 정도 넘어짐을 반복하고 나서야 비로소 중심을 잡고 걸을 수 있는 것처럼, 우리 역시 그렇게 무수한 실패를 통해 지금의 자리까지 올 수 있었습니다.

특히, 미래를 살아갈 아이들에게 실패 경험은 필연처럼 다가옵니다. 지식이 끊임없이 생성되고 변화가 일상인 시대에서 아이들은 늘 새로운 것을 배워야 비로소 적응할 수 있습니다. 이미 알고 있는 것을 기억해서 적용하는 것도 어려운데 새로운 것을 끊임없이 배워야 한다니, 아이들은 그 과정에서 얼마나 많은 실패를 경험하게 될까요? 그렇다면 우리는 아이들에게 절대 실패하지 않는 비결을 알려주기보다는 **실패 경험을 잘 소화시킬 수 있는 방법을 알려주어야 합니다.**

이미 엎질러진 물이 가져다주는 교훈

아이들에게도 실패는 두려운 일입니다. 이미 엎질러진 물은 다시 주워 담을 수 없는 것도 사실입니다. 하지만 물을 엎질렀다고 해서 모든 것이 끝난 것은 아닙니다. 그 덕에 '여기서는 물을 엎지 않게 조심해야겠다'는 큰 깨달음을 얻을 수 있기 때문이죠. 그렇다면 우리는 물을 엎지른 아이에게 "왜 물을 엎지른 거야!"라고 말할 것이 아니라 "물을 엎질러서 무엇을 배웠니?"라고 질문해야 합니다. 그러면 아이들은 실수를 통해 새로운 것을 배울 수 있다는 것을 알게 됩니다.

아이들이 실패가 두려워서 성장하는 것마저 포기하도록 두어서는 안 됩니다. **'실패는 성공의 어머니'라는 속담을 아이들이 이해하기 위해서는 실패를 딛고 성공으로 나아갈 수 있는 연결고리를 경험해야 해요.** 실패 경험을 잘 소화시키는 방법은 **실패와 성공에 연결고리가 있다는 것을 알아차리는 것입니다.**

"이 부분은 정말 아쉬웠겠다"

아이가 실수와 실패를 경험하더라도 꾸짖음으로 지나치게 몰아가지 말아주세요. **실패에 공포심을 갖는 것보다 중요한 것은 실패를 아쉬워하는 일입니다.** 공포심은 두려워 피하게 되지만 아쉬움은 한 번 더 노력하게 하는 계기를 만들어주거든요. "이건 이렇게 할 수 있었잖아!"라고 아이의 실수를 먼저 짚어주지 마세요. 아이의 실수는 아이가 더 잘 압니다. 우리가 해야 할 것은 아이의 아쉬움을 알아주는 일입니다. "아이고, 이 부분은 우리 다현이가 충분히 할 수 있는 거였는데, 엄청 아쉬웠겠다." 아는 문제를 틀려서 속상한 마음을 공감받은 아이는 스스로 '다음에는 절대 실수하지 말아야지!'라고 마음먹게 됩니다.

"오늘은 여기까지만 해볼까?"

마라톤을 완주하는 방법은 무엇일까요? 만약 '오늘 한번 해보지 뭐!'라는 생각으로 호기롭게 시작했다면 얼마 가지 않아 포기할 것이 뻔합니다. 몇 걸음 채 가지도 못해서 '이걸 내가 오늘 내로 할 수 있을까?'라는 생각에 자포자기할지도 몰라요. 하지만 오늘은 3킬로미터, 6개월 뒤에는 5킬로미터, 1년 뒤에는 하프마라톤을 목표로 한다면 이야기가 달라집니다. 꾸준한 훈련을 통해 10킬로미터, 하프마라톤을 경험했다면 '이제 풀코스 완주도 해볼 만한데'라는 생각이 나를 더 힘나게 하거든요.

실패에 대한 두려움이 큰 아이는 어쩌면 목표를 지나치게 높게 잡은 아이일지도 모릅니다. 자신이 넘어야 할 벽이 지나치게 높으면 도전의식보다는 회피하고 싶은 마음만 커질 뿐입니다. **두려움을 줄이기 위해서는 두려움의 크기를 쪼개야 합니다.** 이번 주는 하루에 수학 다섯 문제, 다음 주는 하루에 열 문제씩 등의 방법으로 아이와 함께 목표를 잘게 쪼개보세요. 그리고 아이들이 스스로 정한 작은 목표는 반드시 해낼 수 있도록 하여 작은 성공 경험을 모아보시길 바랍니다.

물론 부모님 입장에서 하루에 수학 다섯 문제는 성에 차지 않을지도 모릅니다. 너무나 쉽게 다섯 문제를 풀고 놀고 있는 아이를 보면서 속은 타들어가고 '그냥 열 개를 하라고 할 걸 그랬나?'라며 후회감이 밀려올 수도 있어요. 하지만 '쉽게 다섯 문제를 푸는 것'이 아이들에게는 매우 귀중한 경험입니다. 너무나 어렵고 막막할 줄 알았는데 '고작 다섯 개? 다섯 문제만 풀면 되네? 빨리 해버리지 뭐'라는 생각을 가진 아이들은 쉽게 수학문제를 풀 수 있거든요. 그리고 '뭐야. 다섯 문제, 별거 아니잖아'라는 것을 경험한 아이들은 이후에 열 개, 스무 개도 쉽게 풀게 됩니다. 여기서 가장 중요한 것은 작은 목표라도 아이들이 스스로 정해야 한다는 것! 잊지 말아주세요.

> **"내가 할 거야"**
> 혼자만 하려고 하는 아이

Q. 끈기가 없다고 속상해하시는 분들도 있는데 저는 조금 달라요. 저희 아이는 뭐든지 자기가 혼자서 다 하려고 해요. 물론 그게 안 좋은 건 아니죠. 그런데 양보도 할 줄 알아야 하잖아요. 요즘 학교에서는 모둠활동도 많이 하는데 저희 애랑 같은 조가 되면 저희 애가 "이건 이렇게 해라, 저건 저렇게 해라"라고 시켜서 아이들이 별로 안 좋아한다는 이야기를 듣고 마음이 아팠어요. 자기가 뭐든지 다 하려고 하니까 배려심이 부족한 것 같기도 하고요. 이럴 땐 어떻게 해야 할까요?

힘과 성취의 욕구가 강한 아이들

모둠에서 다 같이 협동을 해야 할 때 어떤 아이들은 참여하지 않고 무임승차를 하려고 하는 반면 자신의 입맛대로 혼자서 모든 것을 하려는 아이들이 있습니다. 좋게 말하면 리더십이 있는 것이지만, 이것도 도가 지나치면 친구들에게 신임을 잃게 됩니다. 오히려 '이기적인 아이', '배려심이 없는 아이'라고 오해를 받을 수도 있어요.

이 아이들의 가장 큰 욕구는 바로 '힘과 성취에 대한 욕구'입니다. 경쟁과 성취를 통해 자신이 중요한 존재라는 것을 확인하고 싶은 마음이 강한 것이죠. 아이들이 혼자 하려고 하는 이유는 간단합니다. 그래야 아이들이 생각하는 '진짜 인정'을 받을 수 있기 때문입니다. 힘과 성취의 욕구가 발달한 아이들은 누군가 나를 도와주거나 함께하려고 하면 자신의 것을 뺏긴다고 생각합니다. 타인의 도움으로 해낸 것은 진짜 내가 해낸 것이 아니라는 생각에 성공의 기쁨을 마음껏 즐기지 못하는 것이죠. '함께하는 것'에 대한 이분법적인 가치가 아이의 고집을 더 강화시키는 것일지도 모릅니다.

물론 이러한 욕구가 나쁜 것은 아닙니다. 힘과 성취의 욕구가 발달한 아이들은 평소 리더십을 잘 발휘하고 모범적인 모습을 보여 친구들과 선생님께도 인정받는 경향이 높습니다. **우리가 해야**

할 일은 아이들이 자신의 욕구를 건강하게 발전시킬 수 있도록 돕는 것입니다. 이제 우리는 혼자서만 잘났다고 해서 성공할 수 없는 세상에 살고 있습니다. 함께 머리를 맞대고 협력을 통해 시너지를 낼 수 있는 사람만이 살아남을 수 있어요. 혼자보다는 함께하는 것이 더 좋은 결과로 이어질 수 있다는 것을 경험하는 것, 옆에 앉은 친구의 좋은 점을 인정하고 함께 협력하는 것이 나에게도 도움이 된다는 것을 아이들은 경험해야 합니다.

나는 평소 어떤 말을 했나요?

힘과 성취에 대한 욕구가 강해지는 이유는 여러 가지가 있지만, 가장 먼저 살펴봐야 할 것이 바로 우리가 평소에 쓰는 말입니다. 남들과 비교하며 성취를 지나치게 강조하는 가정환경에서 자란 아이들은 어떨까요? 자연스레 성적과 등수와 같은 객관적인 수치에 집중하며 친구들을 제치는 것에 몰두합니다. "엄마가 너를 언제까지 도와줘야 하는 거야?"라며 도움을 요청하는 아이를 질책했다면 아이는 누군가 나를 도와주는 건 좋지 않은 것이라는 생각이 강해질지도 모릅니다. "인생은 혼자 사는 거야. 잘해주다가도 언제 뒤통수 칠지 몰라"라는 부모님의 말을 듣고 자란 아이는 친구를 쉽게 믿지 않고 협력하는 상황을 멀리합니다. '에이, 애들한테 그런 말을 하겠어?'라고 생각하실지도 모르겠습니다. 하지만 생각보다 아이들은 우리의 크고 작은 말들을 모두 다 기억하고 있습니다.

"이 부분을 도와줄래?"

힘과 성취에 대한 욕구가 강한 아이들이 항상 이기적인 것은 아닙니다. 이 아이들은 도움이 필요한 친구들을 찾아가 먼저 도와주는 면모도 보입니다. 하지만 때로는 친구가 스스로 해야 할 부분까지 '내가 해줄게'라고 나서는 바람에 문제가 되어버릴 때가 있어요. 이럴 때는 도움이 필요한 부분을 구체적으로 먼저 알려주시기 바랍니다.

"동생이 두 자릿수 곱셈하는 것을 어려워하네. 네가 한 번만 시범으로 보여주고, 그 다음에는 동생이 스스로 할 수 있는지 지켜봐줄래?

그 후에는 "네가 시범으로 보여주니까 동생이 훨씬 이해를 잘 한 것 같아. 또 동생이 그 다음에 어려워해도 엄마가 부탁한 대로 기다려준 거 정말 고마워. 그 덕에 동생도 많이 배운 것 같다"라고 말씀해주세요. 자신이 필요한 도움을 주면서 동생이 스스로 할 수 있을 때까지 기다려주는 경험을 통해 아이들은 배려심을 배우게 됩니다. 또한 도움이 필요할 때 정말 필요한 도움을 받는 것이 나쁘지 않다는 것도 알 수 있을 거예요.

"너는 이 부분을 잘하고 친구는 이런 걸 잘하는구나?"

힘과 성취의 욕구가 강한 아이들이 어려워하는 것이 있습니다. 바로 자신이 아닌 다른 사람을 인정해주는 일입니다. 이 아이들은 자신이 주목받는 것은 즐기지만, 그 바통이 친구에게 넘어가는 것은 죽을 듯이 싫어합니다. 마치 자신의 소중한 것을 뺏긴 것처럼 친구를 미워하거나 질투하기도 해요.

하지만 이럴수록 힘든 것은 바로 아이들입니다. 누구도 몰아가지 않았지만 스스로 경쟁모드에 돌입하는 바람에 자신을 괴롭히기 일쑤입니다. 때문에 이러한 욕구가 강한 아이들일수록 남들과의 비교를 멈추는 것이 중요합니다. **그 대신 좋은 비교를 통해 다른 친구들의 좋은 점을 발견할 수 있는 눈이 길러지도록 도와주세요.**

"비교에도 좋은 비교가 있나?"라고 생각하시는 분들이 계실 거예요. 사실 '비교'는 상대방을 깎아내리기 위해 사용하는 것이 아닙니다. 비교는 "둘 이상의 사물을 견주어 서로 간의 유사점, 차이점 등을 고찰하는 일"이라는 뜻을 가지고 있어요. 즉, 차이점을 찾아보는 것도 비교지만 서로 간의 유사점을 찾아보는 것도 비교라고 볼 수 있죠. 특히 힘과 성취의 욕구가 강한 아이들의 경우에는 친구와 비슷한 점을 찾아보는 좋은 비교를 해보는 것이 도움이 됩니다.

"너는 이 부분을 잘하고, 친구는 이런 부분을 잘하니까 둘이 같이 공부하면 시너지를 발휘할 수 있겠는걸?"
"너랑 친한 그 친구는 너랑 비슷한 점이 뭐라고 생각해?"

이러한 질문은 아이들로 하여금 자신이 좋은 점이 있는 것처럼, 친구도 좋은 점이 있다는 것을 발견할 수 있도록 돕습니다. 또한 서로의 장점이 시너지를 발휘할 수 있다는 것을 이해하게 됩니다. 친구가 잘하는 것이 있어도 그것이 나를 깎아내리는 것이 아니라 모두에게 좋을 수 있다는 것을 알게 된다면 아이들은 자신의 성취 욕구를 훨씬 더 건강한 방법으로 발전시킬 수 있을 겁니다. 비교에도 좋은 비교가 있다는 사실, 잊지 말아주세요!

"나는 이것만 할 거야!"
호불호가 뚜렷한 아이

Q. 선생님, 저희 아이는 역사를 참 좋아해요. 역사책은 물론이고 관련 영상까지 스스로 찾아서 보는 게 참 기특합니다. 그런데 역사만 좋아하고 다른 공부는 도통 하려고 하지 않네요. 수학과 국어, 영어 같은 주요 과목도 공부해야 하는데 다른 건 재미없다고 안 하려고 하니 걱정이에요.

공부를 편식하는 아이들

공부 편식이 심한 아이들이 있습니다. 국어는 좋아하는데 수학은 끔찍이도 싫어하고, 영어단어는 술술 잘 외우면서도 역사는 암기하는 것이 많아서 싫다고 하는 아이들이 바로 이러한 아이들입니다. 사례 속 아이도 역사를 좋아하는 반면 다른 과목은 재미없다고 선을 그어버린 것 같아요. 물론, 스스로 찾아가면서까지 공부할 정도로 좋아하는 과목이 있다는 것은 충분히 칭찬할 만한 일입니다. 이때, 특정 과목만 공부한다고 해서 아이가 스스로 흥미를 가지고 있는 것을 못 하게 하는 것은 정말 어리석은 일일지도 몰라요. 부모님의 잔소리가 심해지고, 성적에서도 큰 차이가 나기 시작해버린다면 공부 자체에 대한 흥미가 뚝 떨어질 수 있습니다. 때문에 부모님은 아이가 좋아하는 것에는 깊은 관심을 보여주되 그 관심이 다른 과목에도 점차 연결될 수 있도록 도와주어야 합니다.

좋아하는 것도 싫어하는 것도 다 이유가 있습니다

아이가 공부 편식을 한다고 해서 "왜 이 공부는 안 하는 거야? 역사 공부하는 절반이라도 해봐라!"라고 잔소리를 한들 아이는 말을 듣지 않습니다. 당근을 싫어하는 아이에게 억지로 당근을 먹인다고 해서 아이가 당근을 좋아할 리 없어요. 이때는 "당근은 어떤 점이 싫은 거야? 맛이 없어? 아니면 생긴 게 이상해?"라며 아이의 생각을 먼저 물어봐야 합니다. 맛이 없다고 하는 아이에게는 당근케이크를 맛보게 하며 당근에 대한 편견을 깨는 시도를 하고, 당근 모양이 싫다고 하는 아이에게는 당근으로 로봇을 만들어 놀아보는 시도가 필요한 것처럼, 공부 편식을 하는 아이들에게도 **그 이유를 먼저 물어보아야 합니다.**

"수학은 선생님이 너무 빨리 설명을 해주시니까 무슨 말인지 못 알아듣겠어요. 문제를 풀어도 맨날 틀리니까 재미도 없고"라고 아이가 말한다면 아이가 수학을 차근차근 이해할 수 있도록 돕는 것이 우선입니다. 이럴 때는 학교 진도를 따라가기보다는 '유능감' 부분에서 강조했던 것처럼 아이의 근접발달영역을 찾아보세요. 성취감 역시 갑자기 찾아오는 것이 아니라 쌓아가는 것입니다. 자신이 할 수 있는 부분부터 차근차근 해보며 성취감을 쌓아갈 수 있도록 도와주세요.

역사광인 아이가 "역사는 상상이 되니까 재밌어요. 드라마에도 많이 나오고. 옛날이야기 보는 느낌이라 기억에 많이 남아요"라고 자신이 좋아하는 이유를 말했다면 이 부분을 놓치지 말고 다른 과목에도 연결할 수 있어야 합니다. 수학 공식을 발견하게 된 수학자들의 이야기, 수학을 생활에 활용하는 사람들의 이야기 등을 찾아서 아이에게 보여주세요. 수학이 따분한 계산놀음이 아니라 다양한 스토리텔링이 가능하다는 것을 알게 된 아이가 눈을 반짝이게 될지도 모릅니다.

"정말 재미있어하는구나!"

아이가 특정한 분야에 흥미를 느끼고 스스로 공부를 한다는 것은 정말 훌륭한 일입니다. 어린 나이에 자신이 관심 있어하는 영역을 발견하는 것이 쉽지 않은 일인데 그것을 발견하는 것에 그치지 않고 이를 발전시키고자 노력을 기울이고 있으니까요. 그러기 때문에 아이들이 좋아하는 것에 열중하는 모습을 보인다면 우선 인정해주시기 바랍니다.

"정말 좋아하는구나."
"재미있나 보다."
"스스로 이런 것도 찾아보다니 멋지다."

자신이 열심히 하는 모습을 인정받은 아이들은 유능감을 펼치기 위해 더욱 노력하기 마련입니다. 아무리 편식을 한다고 하더라도 아이들이 배움에 대해 가지고 있는 즐거움까지 빼앗아서는 안 됩니다. 또한 아이가 좋아하는 부분에 같이 관심을 가지면서 "어떤 부분이 그렇게 재미있는 거야?"라는 질문도 도움이 될 수 있습니다. 모든 배움에는 비슷한 요소들이 숨어 있기 때문입니다. **아이들이 재미있어하는 요소를 찾아서 다른 분야에도 접목시킬 수 있다면 배움에 대한 흥미도 전염될 수 있습니다.**

직접적인 말보다는 지나가는 말을 해주세요

공부 편식을 하는 아이에게 "이것도 공부해야지"라고 말하는 것은 자칫하면 본래 좋아하던 공부도 하지 않게 만드는 불씨가 될 수 있습니다. 이럴 때에는 직접적으로 말하기보다는 지나가는 말로 우회적으로 말해보세요.

"엄마가 보니까 이런 동영상도 있더라? 수학자들이 수학공식을 발견한 이야기라는데 엄마도 몰랐던 내용들이 있어서 재미있었어."

위에서 예로 든 것처럼 역사의 스토리텔링에 흥미를 보였던 아이라면 당장 수학공부하라는 말보다는 수학에도 재미있는 스토리텔링이 가능하다는 것을 넌지시 알려주시기 바랍니다. 특정 부분에 흥미를 느낄 수 있다는 것은 매우 큰 자산입니다. 한 가지 재료로 다양한 요리를 할 수 있는 것처럼, 수학이라는 과목에도 계산만 하는 것이 아니라 다양한 원리가 숨어 있다는 것을 알아차릴 수 있도록 도와주세요. 아이가 기존에 가지고 있던 고정관념에서 벗어나 새로운 눈으로 바라보게 된다면 그동안 꺼져 있던 흥미라는 불씨도 다시 살아날 수 있습니다.

"노력하니까 이만큼 발전했구나"

아이가 재미있어서 공부를 할 때면 알아서 하도록 두어도 스스로 잘 해내지만, 반대의 경우는 다릅니다. 아이가 아직 흥미를 느끼지 못한 공부에 대해서는 엄마의 관심이 더욱 필요한 법입니다. 조금이라도 노력하면서 아이가 발전한 모습이 있다면 이를 구체적으로 알려주세요. 자신이 노력하고 있는 점을 엄마가 발견해주고, 조금씩 발전하고 있는 점을 엄마가 응원해준다면 아이는 흥미를 조금씩 느낄지도 모릅니다.

> "이따가 할게요"
> 숙제를 계속 미루는 아이

Q. 저는 퇴근길이 벌써 걱정돼요. 물론 집에 가서 아이들 얼굴 보는 건 좋죠. 그런데 저희 아이는 제가 아무리 말해도 숙제도 해놓지 않고 게임만 하고 있어요. 그러니 제가 퇴근하고 집에 가면 전쟁이 시작돼요. 저녁을 먹고 숙제하라고 하면 TV 보고 게임하겠다고 하면서 어떻게든 숙제는 뒤로 미루기 일쑤예요. 이제 진짜 숙제 안 하면 혼낸다고 으름장을 놓으면 억지로 하긴 하는데 졸리다 하면서 눈을 잔뜩 비비고 짜증을 내네요. 이럴 때는 어떻게 하면 좋을까요?

"이따가"를 입에 달고 사는 아이들이 있습니다. "밥은 이따가 먹을게요", "숙제는 이따가 할게요", "방 정리는 이따가 할게요"처럼 자기가 하기 싫은 것들에는 모두 "이따가"를 붙여버리며 최대한 뒤로 미루려는 아이들입니다. 미루기 대장인 아이들에게 당연히 (?) 따라오는 게 있으니 바로 엄마의 잔소리입니다. "이따가"를 외치는 아이들에게 엄마는 더 큰 소리로 "도대체 언제 할 거야!", "아까도 이따가 한다고 했잖아!"라고 화를 냅니다. 결국 돌아오는 것은 뾰로통한 얼굴로 문을 쾅 닫아버리는 아이의 모습입니다. 참 이상하죠? 계속 미루는 것은 아이였는데 왜 결국 짜증을 내는 것도 아이가 되는 걸까요?

초등 시기에 길러야 하는 태도, 근면성

새로운 것을 배우고 익히는 초등 시기에 아이들이 길러야 할 태도가 있습니다. 바로 맡은 것을 성실하게 해내면서 얻게 되는 부지런한 태도, 즉 근면성입니다. 근면성이 발달한 아이들은 자신이 해야 하는 것을 미루지 않기 위해 성실하게 노력합니다. 이러한 태도는 자연스레 뿌듯한 성공의 경험으로 이어지고 아이가 배움에 대한 효능감과 자신감을 기르는 단단한 토대가 됩니다.

하지만 근면성을 기르지 못한 아이들은 어떨까요? 조금이라도 어렵거나 자신이 잘 하지 못할 것 같다는 생각이 들면 차일피일 '미루기 스킬'을 발휘하기 시작합니다. 누구나 처음 시작은 어렵기 마련인데 시작조차 하려고 하지 않는 바람에 결국은 실패 경험만 쌓게 됩니다. 이때 '거봐, 어차피 안 되잖아'라는 마음은 자연스레 아이들에게 열등감과 좌절감을 유발합니다.

"이따가"를 말하며 미루기를 연발하는 아이들은 이미 열등감을 학습한 아이들일지도 모릅니다. 자신이 잘 못할 것 같다는 생각, 숙제를 스스로 해내지 못할 것 같다는 두려움, 엄마나 선생님에게 꾸중을 들을 것 같다는 직감이 아이가 숙제를 시작도 못하게 만드는 방해꾼이 되어버린 것입니다. 그래서 이 아이들의 본질적인 어려움은 '미루기 병'이 아니라 어쩌면 이미 '학습되어버린 열등감'일지도 모릅니다.

학습의 주도권은 빼앗지 말아야 합니다

아이들의 '미루기 병'을 고치기 위해 엄마들이 내리는 특단의 조치가 있습니다. "잔말 말고 해!"라며 아이를 닦달하는 것입니다. 심하면 "너 그러다 또 이따가 한다고 미룰 거잖아! 지금 당장 해. 안 그러면 게임기는 갖다 버릴 줄 알아!"라며 협박도 서슴지 않게 됩니다. 물론 이러한 엄마의 강경한 태도에 아이는 입을 쭉 내밀며 숙제를 시작해요. 하지만 여기에서 우리가 놓치는 것이 있습니다. 억지로 대충하는 숙제는 아이의 학습능력을 키우지 못한다는 것입니다.

이 시기 아이들은 '내가 할 거야!'라는 주도성을 가지려고 애를 씁니다. 물론 스스로 결정하고 해내는 과정에서 성취감도 느낀다면 즐거움은 배가 될 것입니다. 하지만 문제는 아이들이 공부에서는 도무지 주도성을 가지려고 하지 않는다는 겁니다. 그렇다면 엄마의 협박으로 어쩔 수 없이 하게 되는 숙제는 어떨까요? 주도성은커녕 숙제에 대한 반발심만 커질 뿐입니다. '내가 제대로 하나 봐라'라는 이상한(?) 반발심도 생기면서 숙제도 대충, 방 정리도 대충, 엄마가 뭐라고 하지 않을 정도로만 하는 것이죠.

우리가 정말 원하는 것은 아이가 대충 숙제하는 모습이 아닙니다. 우리는 아이들이 숙제를 통해 배움을 익히고 성장하길 바라죠. 더 나아가 억지로 시켜서 하는 것이 아닌 스스로 계획해서 해내는 모습까지 욕심냅니다. 그러기 위해서는 **아이들의 학습 주도권은 내가 아니라 아이들에게 돌려주어야 합니다. 시간이 걸려도 스스로 계획하고 성취하는 과정 속에서 성취의 즐거움을 맛봐야 합니다.**

"언제 하면 좋을까?"

'숙제를 미루기 → 엄마의 잔소리 → 짜증 → 숙제하기 싫음'의 악순환을 피하기 위해 가장 먼저 해야 할 것은 바로 '계획 세우기'입니다. 자신의 하루 일과표, 일주일 일과표를 계획해보면서 언제 방 정리를 하고 숙제를 끝낼 것인지 스스로 정해보는 것이죠. 이때, 주의해야 할 것이 있습니다.

첫째, 아이들이 학습의 주인이 되기 위해서는 계획도 아이들 스스로 정해야 한다는 것입니다. 물론, 아이들이 모든 것을 스스로 계획하기에는 한계가 있습니다. 당장 아이들 눈앞에는 놀고 싶은 것이 먼저, 숙제하는 것은 제일 나중에 있기 때문입니다. 아직 모든 것을 계획하고 실행하는 전두엽이 발달하지 않은 아이들에게 처음부터 계획을 제대로 세우는 것은 어려울 수 있어요. 아이들이 학습의 주인이 되기 위해서 학습주도권은 아이가 가져야 합니다. 어떤 공부를 언제 하고 싶은지, 나의 하루를 어떻게 운영하고 싶은지는 스스로 생각해보고 결정해야 해요. 다만, 엄마의 도움이 필요합니다. 게임을 실컷 하고 싶은 마음에 아이는 학교 숙제는 잠들기 1시간 전에 해버리겠다고 무리한 계획을 세울 수 있거든요. 사실 이것은 어른들도 지키기 어려운 계획입니다. 게임을 하느라 에너지도 소모하고, 눈도 피곤하다면 숙제를 즐거운 마음으로 해내는 것이 어렵거든요. 아이의 계획이 현실 가능하도록 도와주기 위해서는 계획을 분산해야 합니다. 아이의 계획을 완전히 엄마 마음대로 바꿔놓기보다는 '저녁 먹기 전 30분, 잠들기 전 30분'으로 분산해보도록 권유한다면 아이는 계획도 주도적으로 세우면서 성취감도 맛볼 수 있게 됩니다.

둘째, '계획 세우기'를 할 때 공부계획만 세워야 한다는 편견은 버려주시기 바랍니다. 숙제를 언제 할 것인지 계획할 수도 있지만 게임하는 시간, 책 보는 시간, 친구와 놀러 나가는 시간까지 모두 함께 계획을 짜는 것이 진정한 '계획 세우기'입니다. 공부뿐만 아니라 신나게 놀 계획까지 함께 생각하며 계획을 세우는 아이들은 보다 즐겁게 주도적으로 자신의 계획을 생각하게 됩니다.

셋째, 습관은 한 번에 만들어지는 것이 아니라 쌓아가는 겁니다. 아침에 늦잠을 자고 숙제는 자기 전에 겨우 했던 아이가 갑자기 일찍 일어나자마자 숙제를 하는 것은 거의 불가능에 가깝습니다. '천 리 길도 한 걸음부터'라는 말이 있는 것처럼, 습관 역시 하나씩 쌓아갈 수 있도록 도와주세요. 기상시간도 10분씩 당겨보고, 숙제도 나눠서 조금씩 분산시켜보는 과정에서 아이들의 습관은 자연스레 형성됩니다. 견고한 돌담이 쉽게 무너지지 않는 것처럼 차근차근 쌓인 습관은 쉽게 무너지지 않는답니다. 습관 쌓기에서 가장 경계해야 할 것이 바로 조바심이에요.

습관 쌓기, 어떻게 하면 좋을까요?

- 습관 쌓기에서 가장 중요한 것은 '일상생활 습관'입니다. 방학 동안 매일 늦잠을 자던 아이가 갑자기 개학한 뒤에 일찍 일어나야 한다면 등교하는 순간부터 기분이 나빠집니다. 힘들게 등교한 뒤에도 졸음이 오니 수업시간 내내 졸리고 짜증부터 내면서 오전시간을 불쾌하게 보낼 가능성도 높습니다. 그러면 오후는 어떨까요? 기분이 좋아지는 큰 사건이 생기지 않는 이상 아이는 오후까지 꿍한 마음으로 보내다 집에 오게 됩니다. 하지만 아이는 이 모든 것이 아침이 무너지면서 생긴 도미노현상이라는 것을 알지 못합니다. 단지 '오늘 완전 짜증 나는 하루였어!'라고 생각하며 다시 게임을 밤늦게까지 지속하는 악순환을 반복합니다.

일찍 자고 같은 시간에 일어나기, 세수하기, 아침 먹기, 스트레칭하기 등과 같이 별것 아닌 것 같은 **이러한 일상 루틴들이 삶의 일부가 된다면 어떤 상황에도 아이들의 삶이 무너지지 않도록 도와주는 든든한 기둥이 됩니다.**

① 방학이나 개학 여부에 관계없이 **아이들이 일정하게 일어나고 잠들 수 있는 습관을 가질 수 있도록 도와주세요.** 오늘 하루 아이의 컨디션은 아침에 일어나는 순간이 아닌, 어제 잠드는 순간부터 형성됩니다.

② 하루 일과계획표를 만드는 것이 어렵다면 **매일매일 꼭 해야 하는 '생활 습관 목록'부터 함께 만들어보세요.** 일어나서 세수하기, 양치하기, 장난감은 제자리에 놓기, 책 한 권 읽기, 숙제 끝내기 등으로 최소 세 가지부터 목록을 만들어서 꾸준히 지킬 수 있도록 도와주세요. 세 가지 생활 습관이 형성되었다면, 그다음부터 점점 가짓수를 늘려 습관을 쌓아가면 됩니다.

③ **목표는 무조건 구체적이어야 합니다.** 수학 공부하기보다는 수학 열 문제 풀기가 훨씬 더 좋습니다. 이때, 수학 공부 한 시간 하기는 너무 추상적일 수 있어요. 한 시간 동안 무엇을 어떻게 하느냐가 훨씬 더 중요합니다.

④ **목표는 보이는 곳에 놓아주세요.** 아이가 지켜야 하는 습관 목록은 방문이나 냉장고 등 보이는 곳에 붙여주시고, 매일매일 얼마나 해냈는지 ○, △, ×를 통해 아이가 스스로 자신의 성취감을 느낄 수 있도록 도와주세요.

⑤ **가장 중요한 것은 엄마의 긍정 피드백!** 아이가 잘 못한 것을 지적하기보다는 꾸준히 노력하는 모습을 구체적으로 칭찬해주세요. 습관을 만드는 것은 정말 어려운 일입니다. 작은 습관이라도 만들기 위해 노력하는 아이들의 모습을 인정하고 격려해주세요.

"밥 먹고 나서 하고 싶구나.
지현이는 저녁 먹으면 졸려하는 것 같은데 괜찮겠어?"

"숙제는 밥 먹고 나서 할래요!"라는 아이의 말에 대뜸 "안 돼! 너 맨날 저녁 먹으면 졸립다고 하잖아!"라고 말하는 것은 아이의 학습주도권을 빼앗는 격입니다. **이때는 아이가 놓칠 수 있는 부분을 말해주면서 아이가 자신의 모습을 돌아보고 스스로 결정할 수 있도록 도와주세요.**

"그래도 저녁 먹고 나서 할래요!"라고 한다면 "그래, 그러면 이번 주에는 이렇게 지내보고 그 다음에 다시 결정해보도록 하자."라고 아이의 결정을 믿어주세요. 이렇게 같이 계획표를 세우면 이 계획표를 눈에 띄는 곳에 붙여놓고 아이가 스스로 체크할 수 있도록 도와주시기 바랍니다.

"엄마는 이제 씻고 나왔으니까 신문을 봐야겠다"

계획표는 세웠지만 금세 까먹고 TV를 보고 있는 아이에게 "너 그럴 줄 알았어!"라고 외치는 것은 그리 좋은 방법이 아닙니다. 아무리 계획표를 눈에 띄는 곳에 붙여놨다고 하더라도 계획표가 아직 익숙하지 않은 아이들에게 모든 것을 기억해내는 것은 어려울 수 있어요. 이럴 때는 부모님이 같이 아이와 계획표를 짜서 솔선수범하는 모습을 보여주세요.

"엄마는 샤워 다 했어. 그러면 이제 신문을 봐야겠다. 지현이는 뭐 할 거야?"라고 어머님이 세워놓은 계획을 말해보면서 자연스레 아이에게 질문해주세요. 엄마 아빠는 TV를 보면서 아이에게 숙제하고 방 정리를 하라고 하는 것은 아이에게는 너무나 가혹한 고문일지도 모릅니다. "엄마 아빠는 회사에서 열심히 일하고 왔잖아!"라는 말은 아이에게는 "저도 학교랑 학원 갔다 왔다고요!"라는 반발심만 들게 할 뿐이에요. **아이가 숙제를 하는 시간에는 부모님도 함께 책을 보거나 신문을 보면서 아이와 비슷한 환경을 만들어주세요.** 무엇보다 부모님이 계획을 지키려는 모습을 솔선수범하여 보여주신다면 아이는 자연스레 부모님을 따라 자신의 계획을 지키려고 할 것입니다.

"이번 주는 어떤 걸 잘한 것 같아?"

아이와 함께 계획을 세웠다면 반드시 해야 할 것이 있습니다. 바로 '점검'입니다. 주말 중 하루, 특정 시간은 '계획 다시 보기'의 시간으로 만들어 한 주 동안의 계획을 점검해보세요. 이때, 엄마가 일방적으로 아이의 1주일간의 생활을 평가해서는 안 됩니다. 아이가 스스로 자신의 계획표를 보면서 어떤 점이 마음에 들었는지, 어떤 점이 아쉬웠는지 말해보도록 도와주세요. 자신의 1주일을 돌아보며 성찰하는 시간을 통해 아이들의 메타인지 역시 자연스레 발달하게 됩니다.

물론 엄마 눈에는 보이지만 아이에게는 보이지 않는 점들도 있기 마련입니다. 이럴 때는 "방 정리하는 시간은 언제? 드라마 보고 나서 하면 너무 졸리지 않을까?"라며 아이의 의견을 물어봐주세요. 이렇게 자신의 생활을 돌아보고 자신이 잘한 점과 아쉬웠던 점에 대해 이야기를 나누면 아이의 미루기 병은 줄어들고 근면성은 점점 발달하게 됩니다. 이때, 아이가 계획한 것을 실천하는 모습은 반드시 기억했다가 긍정적인 피드백을 주시는 것 잊지 말아주세요.

"뭐든지 내가 이겨야 해"
승부욕이 강한 아이

Q. 저희 아이는 승부욕이 정말 강해서 뭐든지 이겨야 직성이 풀려요. 물론 욕심이 많아서 대부분 좋은 성적이 나오기도 합니다. 하지만 항상 이길 수는 없잖아요. 문제는 이때부터예요. 결과가 자기 마음에 들지 않으면 그때부터 눈물과 짜증을 보이고 옆에 있는 친구들도 괴롭히는데 정말 난처하더라고요. 승부욕이 강한 저희 아이는 어떻게 도와줄 수 있을까요?

이겨야만 직성이 풀리는 아이가 있습니다. 바로 경쟁심이 높고, 성취욕구도 굉장히 강한 아이입니다. 물론 이러한 성향의 아이들은 경쟁상황에서 유리한 경우가 많습니다. 욕심이 있고 승리를 쟁취하기 위해 노력하기 때문에 좋은 결과도 따라옵니다. 하지만 강한 승부욕이 항상 좋은 것은 아닙니다. 사례에서 말씀해 주신 것처럼 패배를 제대로 받아들이지 못하면 실패를 통해 배우고 성장하는 기회를 놓칠 뿐만 아니라, 교우관계에서도 어려움을 겪을 수 있기 때문입니다. 승부욕이 강한 점이 나쁜 것은 아니지만 아이들에게는 그보다 더 중요한 것이 있습니다. 바로 **성공과 실패를 잘 소화시키는 것입니다.**

평소 나는 어떤 말을 하나요?

아이가 승부욕이 많은 경우 가장 먼저 돌아봐야 할 것이 평소 부모님의 말 습관입니다. 혹시 평소 "이번에도 1등한 거야? 역시 잘했어~ 우리 딸~", "반에서 몇 등 했어? 친구 지현이는 몇 등이니?"라고 말하며 성취를 지나치게 강조하지는 않았나요? 승부욕이 강한 아이들은 인정욕구도 강한 편이라 부모님이 1등, 우승과도 같이 좋은 결과를 평소에 강조하셨다면 '1등을 해야 인정받을 수 있구나'라는 생각을 가졌을지도 몰라요. **이미 부모님처럼 자신의 마음속에도 1등만을 인정하고 있기 때문에 1등에서 밀려난 자신의 모습은 도**

저히 받아들일 수 없는 겁니다.

또한, 부모님이 아이와 게임을 할 때 **공정한 방법을 쓰지 않는 경우**도 있습니다. 아이가 졌다고 짜증을 내거나 자신이 이길 때까지 또 게임을 하자고 할까 봐 부모님이 일부러 져주는 것이죠. 이때, 아이들은 부모님을 이겼다는 생각에 기분이 좋아집니다. 하지만 늘 성공만을 경험하다 보면 실패는 더 뼈아프고 받아들이기 어려운 법입니다. 나는 부모님도 늘 이기는데 친구 한 명 이기지 못한다면 어떤 생각이 들까요? 아이 입장에서는 더 분하고 힘들 겁니다.

때로는 져주는 과정에서 아이들이 승리의 기쁨을 만끽하도록 하는 것도 나쁜 것은 아닙니다. 하지만 이럴 때는 잘 드러나지 않게 하는 것이 중요해요. "내가 일부러 져준 거 알지?"라고 말씀하시는 부모님은 어떨까요? 장난으로 몇 마디 할 수는 있겠지만 이러한 태도 또한 결과에 승복하지 않는 모습처럼 보입니다.

아이와 게임을 할 때 **너무 이기려고 하는 것도 좋지 않지만 일부러 져주거나 이러한 것을 공공연하게 티내는 것은 바람직하지 않습니다.** 행여나 아이들의 즐거움을 위해 져주더라도 부모님이 최대한 열심히 게임에 임하는 모습은 보여야 합니다. 아이들은 승리를 위해 게임하는 것이 아니라 몰입을 통한 즐거움을 경험하기 위해 게임을 한다는 것을 잊지 말아주세요. 게임과 시험은 열심히 참여하여 최선의 노력을 보이는 것만으로도 의미가 있어야 합니다.

"달리기 자세가 정말 좋더라"

승부욕이 강한 아이들이 1등과 승리에만 집중하는 이유는 무엇일까요? **바로 성공 경험을 통해 자신의 존재감을 드러낼 수 있기 때문입니다.** "우와, 1등 했구나"라는 칭찬을 들은 아이들은 자신이 1등을 했기 때문에 자신의 존재감을 인정받았다는 생각을 하게 됩니다. 즉, 자신의 존재감을 드러낼 수 있는 방법은 승리만이 유일하다고 보는 것이죠.

때문에 **아이를 칭찬해줄 때는 결과보다는 과정에 집중하는 것이 좋습니다.** 결과적으로 눈에 보이는 부분에 집중하기보다는 아이의 태도, 노력한 부분에 집중해서 이야기해주세요. "이런 방법은 새로운데?", "끝까지 노력하는 모습이 보기 좋았어"와 같이 아이가 시험이나 게임에 참여하면서 보였던 긍정적인 모습을 말해주며 아이의 존재감을 살려주시기 바랍니다. 결과가 아닌 과정에 충실해도 자신의 존재감이 드러난다는 것을 아는 아이들은 승부에 대한 집착도 차츰 내려놓게 됩니다.

"열심히 했는데 져서 속상하구나"

아이가 열심히 했지만 원했던 결과를 얻지 못하는 경우에는 어떻게 해야 할까요? 아이가 결과에 승복하지 못하고 짜증을 낸다고 해서 "울음 그쳐! 지면 진 거지, 뭘 이런 걸로 울어!"라며 아이를 훈계하거나 다그치지는 말아주세요. 이러한 경우 실패한 경험에 수치심까지 더해져 아이에게는 '실패 = 끔찍한 경험'이라는 공식이 생겨날지도 모릅니다.

이럴 때는 "에구, 속상하겠다. 엄청 노력했잖아. 엄마라도 진짜 속상할 것 같아"라며 **아이의 마음을 알아주세요.** 아이가 정말 원했던 것은 존재감입니다. 엄마의 따뜻한 공감을 통해 자신이 노력했던 것을 인정받게 되면 속상한 감정에서도 벗어날 수 있습니다. 또한 여기에 더해서 "원하는 결과는 나오지 않았지만 지난번보다 정확도가 훨씬 올라갔어. 정말 애썼다"라는 이야기를 듣게 된다면 어떨까요? 이러한 엄마의 말을 들은 아이는 승리하지 못했다고 해서 자신이 노력했던 것이 모두 물거품이 되는 게 아니라는 것을 배우게 됩니다.

아이의 속상한 마음을 충분히 공감해주세요. 그리고 아이가 조금씩 발전하고 있는 모습을 엄마의 말로 표현해주시기 바랍니다. 시간이 걸릴 수도 있겠지만, 엄마의 한마디는 승리에 조바심이 난 아이의 마음을 편안하게 다독거려줄 수 있는 따뜻한 격려가 됩니다. 엄마의 따뜻한 격려를 받은 아이들은 성공은 물론 실패를 통해서도 한 걸음 더 성장할 수 있습니다.

> "그럼 공부 안 할 거야!"
> 공부를 반항의 수단으로 삼는 아이

Q. 선생님, 저는 요즘 아이와 하루가 멀다 하고 싸우는 것 같아요. 숙제는 하지도 않고 친구들이랑 놀러 나간다고 하고, 매일 거울 앞에만 붙어 있고 정말 답답해요. 그런데 제가 잔소리라도 하려고 하면 자기한테 뭐라고 한다고 오히려 화를 내는 거 있죠? 감시하지 말라고 하면서 계속 이렇게 하면 공부 안 할 거라는 협박까지 해요. 아이가 정말 공부도 때려치울까 봐 제가 말을 조심하게 되는데 마치 아이에게 약점이 잡힌 것 같기도 합니다. 이럴 때는 어떻게 하면 좋을까요?

아이들이 고학년으로 올라갈수록 부모님과 아이들 사이의 언성이 높아지는 일이 많이 생깁니다. 핸드폰 게임은 물론이고 화장을 하고 이성 친구를 사귀고 때로는 학원까지 빼먹는 바람에 정말 집이 조용한 날이 없을 정도예요. 아이들은 왜 이렇게 '제멋대로' 행동하는 걸까요?

아이들이 제멋대로 하는 이유

지금은 아이들이 '제멋대로' 행동하는 시기이기 때문입니다. 청소년기는 아이들에게 질풍노도의 시기라고 불릴 정도로 큰 변화가 많이 일어나는 시기입니다. 우선 2차 성징을 경험하면서 신체적 변화가 눈에 띄게 나타납니다. 이러한 자신의 모습이 익숙지 않은 아이들은 화장을 통해 가리려고 하거나, 또 TV 속 연예인처럼 옷을 입고 행동하려는 모습을 보여요.

또한 이 시기에는 감정적인 변화도 많이 일어납니다. 보상과 쾌락을 담당하는 변연계는 발달했지만 이성적인 판단을 담당하는 전두엽은 아직 미성숙한 단계에 있기 때문입니다. 마치 다양한 감정은 풍부하게 느끼지만 감정을 제어해주는 제어판은 아직 완성되지 않은 것과 같습니다. 그러다 보니 충동적인 행동을 많이 하지만 정작 충동조절은 힘들어합니다. 조그만 일에도 짜증을 내거나 욱하는 일은 어쩌면 이 시기의 아이들에게 가장 자연스러운 현상이기도 해요. 그러니 이러한 아이들의 결정과 행동들이 어른들 눈에는 '제멋대로'인 것처럼 보이는 것이죠.

자기결정권이 중요한 아이들

이 시기의 아이들이 중요하게 생각하는 것이 또 있습니다. 바로 자기결정권입니다. 아이들은 사춘기를 겪으며 스스로 생각하고 결정하는 자기결정권에 대한 욕구가 높아집니다. 하지만 안타깝게도 그럴 수 있는 환경이 뒷받침되지 않고 있어요. 아이들은 여전히 정해진 시간에 수업을 들어야 하고, 엄마가 정해준 학원에 가야 하죠. 그래서 자신의 자기결정권을 다른 곳에서 찾으려고 합니다. 바로 게임, 핸드폰, 친구들입니다.

아이들이 좋아하는 게임 속 세상에서는 모든 것을 아이들이 직접 결정합니다. 아이템을 구매하고 영토를 지배하기도 하죠. 그뿐인가요? 레벨이 올라갈수록 많은 사람들에게 인정받으며 자신을 과시할 수도 있습니다. 현실세계에서는 누리지 못하는 자기결정권을 게임 속 세상에서는 마음껏 누릴 수 있으니 아이들은 더더욱 게임 속으로 들어가려고 합니다.

이때 (아이 입장에서) 자신의 자기결정권을 방해하는 것이 있으니 바로 엄마가 공부하라는 말입니다. 공부에 집중해도 모자랄 학창 시절에 아이가 공부에 관심이 없는 모습을 보이면 엄마는 그야말로 '잔소리 모드'에 돌입하기 십상입니다. 하지만 아이는 어떤 모습을 보이나요? 사례 속 어머님의 말처럼 아이는 반격을 시도합니다. 공부를 무기로 엄마의 약점을 잡는 것이죠. "계속 그러면 나 공부 안 해!"라는 말로 엄마가 가장 염려하는 부분을 건드리며 전쟁을 선포합니다.

물론, 아이들의 마음도 이해는 됩니다. 자기결정권 자체는 나쁜 것이 아니에요. 또한 자기결정권을 누리려는 것은 우리 모두의 욕구이기도 합니다. **하지만 아이들이 잊지 말아야 할 것이 있어요. 바로 '책임감'입니다.** 내 마음대로 하는 것이 자율성이 아니라는 말, 기억하시죠? 자신이 선택하면 그 선택에 책임을 지는 책임감까지 따라오는 것이 진정한 자기결정권의 의미입니다. 아이들 역시 이것을 배울 수 있어야 해요.

때문에 아이가 전쟁을 선포할 때, 엄마의 반응이 중요합니다. 아이가 정말 공부하지 않을까봐 걱정이 된다는 이유로 "그래 알겠어"라며 아이가 원하는 대로 다 들어주게 되면 그때는 엄마의 권위도 잃는 것은 물론이고, 아이는 이성적인 계획이나 판단 없이 자신의 충동대로 삶을 살아가게 됩니다. '책임감'을 배우지 못하는 것도 당연합니다. 하지만 그렇다고 "하지 마! 공부 때려치워!"라고 말하면 어떻게 될까요? 이것 역시 아이와의 관계를 해치는 말입니다. 공부도 결국은 감정이 중요한데 공부를 시작하기도 전에 감정이 먼저 상해버리는 것이죠. **이때는 공부 안 한다는 아이의 표면적인 말보다는 본질로 들어가야 합니다.**

정말 공부로 위협하는 사람은 누구일까요?

"공부는 너를 위해서 하는 거야. 그런데 이런 말을 하는 걸 보니 지금 굉장히 답답한가 보구나."

"나 그럼 공부 안 할 거야!"라는 아이의 말을 들으면 황당하기 그지없습니다. 마치 그동안 엄마를 위해 공부를 해왔던 것처럼 말하니 엄마 입장에서는 억울한 마음도 듭니다. 하지만 이때 아이와 함께 화를 내며 "그래! 네 멋대로 해봐!"라고 하는 것은 불난 집에 기름을 붓는 격입니다. 지금 아이들은 전두엽이 미성숙하여 이성적으로 판단하는 것이 어려운 시기예요. **아이가 일부러 이러는 것이 아니라, 이럴 수밖에 없는 시기라는 것을 먼저 헤아려주시기 바랍니**

다. 우리도 이런 시기가 있었습니다.

아이가 공부를 가지고 나에게 협박을 한다고 해서 그 협박에 순순히 응해주는 것 역시 아이와의 관계에 전혀 도움이 되지 않습니다. 이때는 중심을 잃지 않는 것이 중요합니다. 공부를 가지고 엄마를 협박하는 아이에게는 가볍게 "공부는 너를 위해 하는 거야"라는 한마디면 충분합니다. 여기서 한마디가 두 마디, 세 마디가 되면 그건 잔소리가 되어 아이의 귀를 닫게 할 뿐입니다.

가볍게 한마디를 끝낸 뒤에는 아이의 마음을 공감하는 것으로 대화의 본질로 들어가시기 바랍니다. 아이가 공부를 하지 않는 이유도 분명히 있습니다. 대부분의 경우 아이들은 자기 결정권을 빼앗겼다는 생각에 이런 말을 합니다. 엄마가 지나치게 자신의 영역을 침범했다고 생각하거나, 자기결정권을 누리고 싶은 자신의 욕구가 충족되지 않자 이른바 투쟁을 선포하는 것이죠.

"그런 말을 하는 것을 보니 네가 답답한가 보구나"라고 아이의 마음을 한번 헤아려주세요. 아이들도 처음부터 공부가 싫지는 않았을 겁니다. 그런데 공부를 하지 않는다는 이유로 "너 그럴 거면 게임도 하지 마! 친구도 못 만날 줄 알아!"라는 이야기를 들었다면 어떨까요? 자신이 자기결정권을 누리고 있는 상황(게임, 화장, 친구들)이 공부로 위협을 당한다는 생각이 들면 공부하기 싫은 것이 당연한 일일지도 모릅니다. 공부를 빌미로 위협을 시작한 것은 어쩌면 아이들이 아니라 우리였을지도 몰라요.

먼저 아이에게 물어봐주세요

"어떻게 하는 게 좋을까?"

"네 생각은 어때?"

아이의 자기결정권을 높여주면서 공부에 대한 부정적 감정이 들지 않도록 돕기 위해서는 아이들에게 먼저 '질문'해야 합니다. 스스로 생각하고 결정하는 과정에서 자기결정권은 자연스레 향상되기 마련입니다. 엄마가 먼저 답을 내리기보다는 "어떻게 하는 게 좋을까?", "그럼 네 생각은 어때?"라며 아이의 의견을 먼저 물어보세요. 아이들에게 필요한 것은 아이에게 최고의 생각이 있다는 것을 믿고 존중해주는 엄마의 모습입니다.

물론 이렇게 스스로 결정을 내릴 때 반드시 지켜야 할 것이 있습니다. 바로 자유와 책임은 공존해야 한다는 것입니다. 자신이 스스로 선택하되 그 결과에 대해서는 책임을 지는 것이죠. 일상생활에서 경험할 수 있는 가장 좋은 방법으로 앞서 소개한 '계획표 세우기'를 추천합니다. 일주일간의 생활을 넓은 시각에서 바라보고, 자신이 무엇을 해야 하는지 돌아본 뒤에 스스로 계획을 세우고 지켜보는 습관을 들인다면 건강한 자기결정권이 늘어납니다.

계획표를 짜면서 중요한 것이 있습니다. **바로 아이의 생각과 결정을 존중해주는 것입니다.** 스스로 계획표를 짠다고 해서 노는 시간을 먼저 충분히 가지고 숙제는 마지막에 하기로 했다면 그 선택 역시 우선 존중해주세요. "이렇게 하면 밤에 졸려서 숙제하기 싫어질 수도 있는데 괜찮겠어?"라고 한 번쯤 물어볼 수 있지만 그래도 아이가 결정했다면 이번 한 주는 아이의 결정대로 살아가보도록 경험하게 해야 합니다. 계획표는 그 다음에 다시 논의해도 늦지 않습니다.

또한 학원을 가는 문제, 문제집을 고르는 과정에서도 아이의 의견을 먼저 물어보는 것이 중요합니다. 자신이 직접 고민하고 선택하는 과정에서 책임감은 자연스레 늘어나는 법입니다. "엄마가 다 알아봤어. 그러니까 엄마 말대로 해"라는 말은 사춘기에 접어드는 아이에게 오히려 반발심을 키우는 말이 되기 십상입니다.

"어떤 게 좋을까? 네 생각은 어때?", "학원 가보니까 어땠어? 선생님이 가르치는 스타일이 너랑 잘 맞는 것 같아?"라며 엄마가 자신의 의견을 중요하게 생각해준다면 아이 역시 스스로 고민하고 결정하는 경험이 늘어납니다. 건강한 자기결정권은 바로 여기에서 생겨납니다.

> 필기를
> 싫어하는 아이

Q. 저희 애는 연필 잡는 걸 싫어해요. 공부를 잘하려면 선생님이 하시는 말씀은 필기도 하고 노트 정리도 해야 할 텐데 저희 애는 그게 다 귀찮다고 하네요. 머리도 좋고 시험 성적도 나쁘지 않은 편인데 이런 습관으로는 고학년으로 올라갈수록 점점 뒤떨어지는 것이 아닐까 걱정됩니다.

공부에도 정석이 있을까요?

공부에 대해 어른들이 가지고 있는 착각이 있습니다. 공부는 손과 엉덩이 힘으로 한다는 것입니다. 어른들은 무조건 오랜 시간 자리에 앉아서 손으로 직접 하나하나 쓰면서 외워야 제대로 공부하는 것이라고 생각합니다. 수학 문제를 풀 때도 정석 문제집은 하나쯤은 갖고 있어야 하고 노트는 과목 별로 빽빽하게 정리가 되어야 공부 좀 하는 아이라고 말씀하시죠. 하지만 정말 그런가요?

모든 사람들에게 맞는 만병통치약은 없듯이 모든 아이들에게 맞는 단 한 가지의 공부법은 없습니다. 어떤 아이는 노트에 빽빽하게 필기를 해야 암기가 되지만 다른 아이는 필기하는 것보다는 눈으로 보고 입으로 소리 내어 말할 때 기억이 더 잘 될 수도 있어요. 또 어떤 아이는 오랜 시간 책상에 앉아야 집중이 잘 되지만 다른 아이는 가만히 앉아 있기보다는 장소를 이동하면서 공부하는 것이 집중력을 더 높이는 방법이 될 수도 있습니다. 여기에서 중요한 것은 아이들이 자신만의 공부스타일을 알아가는 것입니다.

물론, 사례 속의 어머님처럼 아이들의 공부스타일이 이해되지 않는 것도 당연할 수 있습니다. 우리가 그동안 배워온 공부법은 아이가 공부하는 스타일과 전혀 다르기 때문이죠. 하지만 온라인 학습이 강화되고 있고 다양한 자극이 익숙한 아이들에게 한 가지 공부법만 고수하는 것은 큰 도움이 되지 않습니다. **이럴 때는 엄마의 공부스타일보다는 아이가 자신만의 스타일을 찾도록 도움**

을 주는 것이 필요합니다.

아이가 다양한 방법으로 공부해볼 수 있도록 배움의 경로를 열어주시기 바랍니다. 그 후에 아이가 자신의 방법만 고수하기보다는 다른 방법들도 경험해볼 수 있도록 조언해주세요. **스스로 부딪혀가며 자신에게 가장 잘 맞는 공부법이 무엇인지 알아가는 것,** 이것이 바로 초등과 중등 시기의 아이들이 해야 할 일입니다.

"필기는 귀찮구나. 그럴 수 있겠다"

아이에게 기껏 좋은 말로 "필기를 해야 머리에 들어오지"라고 말했는데 아이들이 시큰둥한 얼굴로 "아 몰라, 필기하는 거 귀찮단 말이야"라고 한다면 엄마는 화가 납니다. '필기하는 것이 싫으면 도대체 뭘 하겠다는 건지 모르겠다'는 마음에 답답해져요. 하지만 이때 감정에 휩쓸려 아이를 나무라다가는 앞으로 공부에 대한 어떤 대화도 나누기가 어려울 수 있다는 것을 기억해야 합니다. 아이는 엄마는 내 맘도 몰라주고 잔소리만 한다고 생각해 자신의 교과서는 물론 공책도 보여주지 않으려고 할 거예요.

공부에 단 한 가지의 정석이 없다면 필기 방법 역시 아이에게 맞지 않을 수 있습니다. 선생님 말씀을 모두 빽빽하게 필기한다고 해서 성적이 오르는 것은 아닙니다. 그것을 효과적으로 구조화해서 '내 것'으로 만드는 게 훨씬 더 중요해요. 지금 필요한 것은 아이에게 정말 도움이 되는 공부 방법을 찾는 것입니다.

필기가 귀찮다는 아이의 말에 화를 내기보다는 **귀찮을 수 있는 감정을 먼저 인정해주세요.** 졸릴 때는 밥숟가락도 드는 것이 귀찮은 아이들에게 수업시간 내내 집중하면서 필기까지 하는 건 꽤나 힘든 일일 수 있습니다.

"그래, 필기까지 하려면 정말 귀찮겠네"라는 엄마의 한마디면 아이는 마음을 열게 됩니다. "아니…… 뭐 안 하겠다는 건 아닌데 선생님이 말을 너무 빨리 하시잖아요. 그걸 어떻게 다 받아 적어요"라고 속마음을 말할지도 몰라요. 그러면 이때 아이와 함께 고민을 해주시면 됩니다. "그렇구나. 그러면 적을 수 있는 것만 적어놓고 미처 적지 못한 것은 체크해놨다가 수업 끝나고 친구한테 물어보거나 선생님한테 물어보는 건 어때?"라고 엄마가 제안해준다면 아이는 어렵지 않게 실행에 옮길 수 있을 것입니다.

"그럼 어떤 방법이 가장 도움이 될까?"

때로는 필기하는 것 자체가 싫은 아이들이 있을 수 있습니다. **이럴 때는 "그러면 어떤 방법이 도움이 될까?"라고 질문해주세요.** 이러한 질문법은 대화의 초점을 '필기를 해야 한다 vs 필기는 재미없다'라는 논쟁에서 벗어나 '도움이 되는 공부법'으로 옮겨가게 합니다. 엄마와 아이가 해야 하는 진짜 대화가 시작되는 것이죠.

세상에는 다양한 조리법이 있듯이 공부하는 방법도 다양합니다. 우리는 조용히 필기하면서 공부하는 게 미덕이라고 생각하지만 유대인들은 시끌벅적하게 대화하고 토론하는 것이 공부의 미덕이라고 생각하는 것처럼요. 아이가 "저는 필기하는 것보다는 입으로 말하면서 하는 게 도움이 돼요"라고 말한다면 "오, 그런 방법이 도움이 되는구나"라며 아이만의 공부법을 존중해주세요. 나와 다른 방법을 쓴다고 해서 그것이 틀린 것은 아니니까요.

아무리 그래도 필기를 전혀 하지 않는 것은 엄마에게 불안의 씨앗으로 남을 수 있습니다. 아이 역시 어떠한 필기도 하지 않는다면 이로 인해 놓치는 것들도 생기기 마련이니까요. **이럴 때는 아이와 다른 대책을 세우는 것이 중요합니다.** "그래, 그 방법이 도움이 되는구나. 그 대신 선생님이 중요하다고 하시는 것 정도는 표시를 해놓고 그 부분은 집에서 말하면서 하면 되겠다. 어때?"라며 아이와 절충안을 만들어보세요. 이런 엄마의 조언은 아이가 미처 놓칠 수 있는 부분을 보완하는 좋은 방법이 됩니다.

"난 구제 불능이야!"
자책을 심하게 하는 아이

Q. 선생님, 저희 아이는 자책을 너무 많이 해요. 시험에서 실수를 하거나 성적이 잘 안 나오면 "난 쓸모없어", "난 할 줄 아는 게 아무것도 없어"라며 자기 자신을 너무 비난합니다. 평소 제가 공부에 대해 스트레스를 주는 것도 아닌데 혼자 이렇게 괴로워하니 정말 답답합니다. 아이가 자존감이 너무 낮은 것 같은데 어떻게 해야 할까요?

바늘구멍도 뚫어지게 보면 크게 보이는 법입니다

누가 뭐라고 하지도 않았는데 괴로워하는 아이들이 있습니다. "난 왜 이 모양이지", "난 구제 불능이야!"라며 스스로 자책을 하는 것이죠. 사례에서 질문하신 것처럼, 자존감이 낮은 아이들이 보이는 특성이기도 합니다. 자존감이란 자신이 얼마나 소중하고 귀한 존재인지 아는 **자기가치감**과 자신이 무엇인가를 잘 해낼 수 있다는 **자신감**, 이렇게 두 가지 측면을 스스로 평가하면서 형성된다고 해요. 이때, 한 부분이라도 낮으면 자존감이 쉽게 높아지지 않는 법인데 사례 속의 아이는 두 가지 측면이 모두 낮은 것처럼 보여 안타까운 마음이 듭니다.

사실, 시험을 볼 때 항상 자신이 만족하는 성적이 나오는 것은 결코 쉬운 일이 아닙니다. 우리 자신이 완벽할 수 없는데 어떻게 우리의 행동이 항상 완벽할 수 있을까요? 우리는 좋은 모습과 부족한 모습을 모두 가지고 있는 인간입니다. 때로는 좋은 모습들이 부각될 때도 있지만, 때로는 나의 부족한 모습도 드러나는 것이 일상에서 비일비재하지요. **중요한 것은 우리가 완벽한 사람이 아니라는 것을 수용하고, 좋은 모습과 부족한 모습 사이에서 균형감을 잃지 않는 것입니다.**

아무리 작은 바늘구멍이라고 하더라도 계속 뚫어지게 보면 크게 보이는 법입니다. 내게 좋은 장점이 분명히 있는데 나의 부족한 점만 뚫어지게 보면, 내가 마치 단점투성이처럼 보이는 것은 당연한 일입니다. 이때 보다 건강한 사람이라면, 나의 단점에만 집중하는 게 아니라 나의 장점에도 주목하면서 스스로 균형감을 가질 수 있습니다. 한쪽 면만 보는 것이 아니라 이쪽에서도 보고, 저쪽에서도 보면서 통합적으로 자신을 바라보는 것이지요.

하지만 안타깝게도 아이들은 이러한 능력이 아직 부족합니다. 멀리 바라보며 종합적으로 판단하는 두뇌의 전두엽이 한창 공사 중이거든요. 그러기 때문에 이 부분이 잘 발달할 수 있도록 우리 어른들이 도와줘야 합니다. 하지만 그렇다고 "자신감을 가져!", "너 잘할 수 있잖아!"라는 식으로 밀어붙이는 것은 금물입니다. 자존감은 그 무엇보다 아이들이 "나는 괜찮은 사람이야"라며 자신을 인정하고 받아들일 수 있을 때 비로소 향상될 수 있습니다.

"많이 속상 했구나" 공감의 힘

자존감이 낮은 아이들이 자책할 때 부모님들이 가장 많이 하는 실수가 있습니다. "에휴, 뭘 그 정도 가지고 그래. 그거 아무것도 아니야. 괜찮아. 신경 쓰지 마"라며 아이들의 자책을 얼른 덮어버리려고 하는 겁니다. 물론 부모님 입장에서는 아이가 '별것도 아닌 일로' 자책을 하니 안쓰럽기도 하고 속도 상해서 하신 말씀일 겁니다. 하지만 그렇다고 '아무것도 아닌 일'이라며 이야기하는 것 역시 큰 도움이 되지는 않습니다. 아이들 입장에서는 너무나 큰일이기 때문입니다. 아이 생각에 산타클로스가 없는 게 분명한데 부모님이 계속 있다고 우겨봤자 믿지 않는 것처럼 말이죠.

이럴 때 아이들의 자책을 멈출 수 있는 유일한 방법은 아이들의 속상한 마음을 공감해주는 겁니다. "그러면 아이들이 더 자책하지 않을까요?"라고 생각하신다면 아래의 대화를 한번 살펴보세요.

아이: 선생님. 정말 저는 구제불능인 것 같아요. 이번에도 학원 레벨테스트에서 아는 문제를 두 개나 틀렸어요. 진짜 이번 생은 망한 것 같아요.

선생님: 아는 문제를 틀리고 정말 속상했나 보다. 이렇게 속상해하는 걸 보니 정말 열심히 준비했나 봐.

아이: 그럼요. 이번엔 진짜 소희보다 잘하고 싶었단 말이에요. 그런데 아는 것도 틀리고 진짜 나는 돌머리인가 봐요.

선생님: 저런, 진짜 속상했나 보다. 마음대로 안 돼서 짜증도 나고 답답하기도 했겠어. 잘하고 싶은 만큼 긴장도 됐겠

다. 긴장하면 아는 것도 막 기억 안 나고 그럴 때가 있잖아. 선생님도 그런 적 많거든.

아이: 선생님도 그런 적이 있어요?

선생님: 그럼, 당연하지. 선생님도 실수 많이 하고, 답안도 밀려 쓴 적도 있고, 아는 문제도 틀려서 이불킥도 하고 그랬지. 그런데 그런 경험이 있으니까 다음에는 더 조심하게 되더라고. 아마 태어나서 실수 한 번도 안 한 사람은 조심하지도 않을걸?

아이: (웃음) 근데 그런 사람이 있을까요? 어떻게 실수를 한 번도 안 해요?

선생님: 맞아! 내 말이! 그러니까 실수를 하는 게 속상하긴 한데 꼭 나쁜 것만은 아니야. 내가 더 노력하게 만들어주니까. 너도 다음에는 더 노력하지 않을까? 이번에는 어땠어? 예전보다는 아는 것도 덜 틀렸을 것 같은데?

아이: 그건 그래요. 예전엔 계산 실수도 진짜 많이 했는데 지금은 많이 줄었어요.

선생님: 그것 봐. 점점 잘하고 있잖아. 실수한 거 속상해하는 것도 당연한데, 가끔은 칭찬도 해줘. 이렇게 잘하고 있는 거 네가 아니면 누가 먼저 알아주겠어?

아이: (미소) 네 그럴게요, 선생님.

위의 대화는 제가 실제로 아이와 나눴던 대화입니다. 자세히 보면 처음 몇 마디에 아이는 계속 자신을 자책하고 비하하는 말을 했어요. 하지만 제가 아이의 속상하고 답답하고 짜증 나는 마음을 공감해주자, 그 다음부터 아이의 태도는 조금씩 달라졌습니다. 자신을 비하하는 말을 멈추고 저와의 대화에 집중하기 시작했죠. 저에게 질문도 하고, 오히려 저의 농담에 "세상에 실수 한 번도 안 하는 사람이 있을까요?"라는 말까지 했습니다. 그동안 엄마가 "실수 한 번도 안 하는 사람이 어디 있어!"라고 말할 때는 듣지도 않았던 아이가 이렇게 스스로 말할 수 있는 비결은 바로 '공감'에 있습니다.

아이들이 자책하는 이유는 그만큼 속이 상하기 때문입니다. 누군가는 자신의 속상한 마음을 알아주고 받아줘야 하는데 아무도 그러지 않고 "괜찮다"라고만 말하니 속상한 마음이 그대로 남아 있는 것이죠. 아이의 마음을 충분히 알아주기만 해도, 아이들의 속상한 마음은 덜어지게 됩니다. 그동안은 속상한 마음으로 가득 찼는데 그 마음이 덜어지니 다른 마음들이 몽글몽글 생길 수 있는 공간이 만들어진 겁니다.

공감의 힘이 바로 여기에 있습니다. 공감을 통해 아이들의 마음에 여유 공간이 생기면, 이제 다른 감정들이 피어날 수 있어요. **자책이 심한 아이들에게 필요한 것은 마음에 여유 공간을 만들**

어주는 것입니다. 그리고 그 공간에 자신이 노력한 것을 인정하는 마음, 칭찬하는 마음, 속상한 마음을 알아주는 마음들이 생긴다면 아이들의 마음에도 균형감이 생겨날 것입니다.

"노력하고 있구나", "점점 잘하고 있네"

아이의 마음에 여유 공간이 생기면 그 다음에는 엄마가 인정해주는 말이 필요합니다. 아이들이 자신을 자책하느라 미처 알아차리지 못한 부분이 있습니다. 바로 자신이 노력한 모습입니다. 사실 성적이라는 것이 공부한다고 해서 바로바로 나타나지 않을 때가 더 많습니다. 그러다 보니 조바심이 날 때도 있고, 쉽게 좌절감을 느끼기도 합니다. 이럴수록 우리 어른들이 발견해줘야 합니다. 그동안 아이들이 얼마나 노력했는지 상기시켜주고, 조금이라도 성장한 부분을 발견해서 아이들에게 알려줘야 하죠.

다만 이 말들은 타이밍이 중요합니다. 공감이 선행되지 않는다면 아이의 마음에 여유 공간이 없기 때문에 이 말들을 해준다고 해도 큰 소용이 없습니다. 충분한 공감을 통해 아이들이 자신의 감정을 내뱉었을 때, 바로 이때가 마음의 여유 공간이 생긴다는 신호입니다. 엄마의 말은 이때 진가를 발휘하게 됩니다. 별 말이 아닌 것 같은 이러한 소소한 말들이 아이의 무너진 자존감을 회복시켜주는 첫걸음이 될 수 있다는 것을 잊지 말아주세요.

"우리가 항상 완벽할 수는 없어. 엄마도 실수를 할 때가 많아"

태어나서 실패를 모르고 자란 사람은 어떤 사람일까요? 한 번도 실패를 한 적이 없다니 혹시 벌써 부러워하시는 것은 아니겠죠? 태어나서 실패를 경험하지 않은 사람은 당연히 실패를 두려워하지 않습니다. '실패'를 경험하기 전까진 말이죠. 명문대를 나와 승승장구하던 사람이 승진에 좌천되었다는 이유로 우울증을 겪는다는 신문기사들을 보신 적이 있을 겁니다. 그러면 우리는 '뭘 그것 가지고 그래'라며 그 사람의 나약함을 탓합니다. 하지만 학창 시절부터 실패 없이 늘 승승장구만 해왔다면, 조금의 실패라도 이 사람에게는 큰 타격이 될 수 있습니다.

사실 실패 없이 살아간다는 것은 거의 불가능에 가깝습니다. 하지만 그렇다고 해도 **실패는 우리 삶에 반드시 필요합니다.** 실패를 통해 우리는 세계관이 깨지고, 변형되고, 성숙하는 과정을 거치기 때문입니다. 엄마가 맨날 옷을 따뜻하게 입으라고 해도 말을 안 듣는 아이가 있었습니다. 그런데 엄마 말을 듣지 않고 반팔로 동네를 휘젓던 아이가 다음 날 지독한 감기에 걸려 끙끙 앓게 되었죠. 그러면 이 아이는 어떤 생각을 가지게 될까요? '아, 겉옷은 챙기고 나가야겠구나'라는 깨달음을 얻게 됩니다. 엄마가 백날 이야기해도 듣지 않았던 아이가 감기라는 좌절 경험을 통해 생각을 바꾼 것이죠. 아주 사소한 사례이긴 하지만 이처럼 아이들은 스스로 부딪혀보고 깨져보면서 자신의 생각과 가치관을 형성해나갑니다.

"난 구제 불능이야!"라며 자책을 심하게 하는 아이는 실패를 견디는 것을 어려워하는 아이입니다. 실수나 좌절을 통해 '아하!'의 경험이 있어야 새로운 정보를 배우고 성장할 수 있는데, 실패 자체에 집중한 나머지 그 뒤의 과정들이 생략되어버리는 겁니다. 그래서 자책이 심한 아이에게 필요한 것이 바로 **'수용'**입니다. 내가 완벽하지 않고, 가끔은 실수를 하는 것이 정상이라는 것을 받아들이는 과정이 필요해요. 또한 실수를 통해 내가 점점 더 노력하고 성장할 수 있다는 것을 이해할 수 있어야 해요.

"우리는 모두 실수를 하면서 살아가. 그런데 실수를 어떻게 받아들이냐에 따라 어떤 사람은 성장을 하고 어떤 사람은 계속 실패를 해. 실수는 내가 무엇을 더 노력하면 되는지 알려주는 좋은 신호거든. 그 신호를 알아차리고 노력하면 앞으로 더 성장할 수 있어. 엄마도 실수 진짜 많이 했어. 앞으로가 더 중요한 거야."

부모님 역시 아이들이 실패나 좌절을 겪는 것은 최대한 피하길 바랍니다. 하지만 온실 속의 화초가 아닌 사회에 올바로 적응하는 인간으로 키우기 위해서는 실수를 피하는 것보다는 실수를 잘 소화시키도록 도와주는 게 중요하지 않을까요? 아이의 마음을 공감하고, 노력을 발견해준 뒤에는 **반드시 실수를 제대로 소화시킬 수 있는 말**을 해주세요. 적절한 좌절은 결코 아이에게 독이 되지 않습니다.

에필로그

사실 저는 두려워서
펜을 들었습니다

　이 책을 계약한 것은 (지금 돌아보면 참 평화로웠던) 2019년 11월 경이었습니다. 그리고 책에 대한 목차를 구성하고 본격적으로 원고작업을 시작한 것은 2020년 3월, 코로나19로 우리 모두 두려움에 떨던 시기였어요. '1년이면 지나가겠지'라고 생각했던 것은 저의 착각이었습니다. 약 1년이 지난 지금도 코로나는 우리 삶 속 깊숙이 존재하고 있습니다.

　사실 저는 이전부터 아이들의 공부자존감에 관심이 있었습니다. 아이들이 보이는 내면의 불안감, 낮은 자존감 그리고 친구 문제도 자세히 살펴보면 공부자존감이 모두 기저에 있었고, 이를 잘 다루는 것이 중요하다고 생각하여 책을 기획하게 되었습니다.

하지만 코로나19 상황에 놓인 아이들을 보면서 저는 두려움이 커졌습니다. 온라인 개학을 했지만 집에서 '방치'되어 있는 아이들, 게임을 하느라 낮과 밤이 바뀌어 무기력해진 아이들은 오히려 학교에 가지 않는 지금이 좋다고 제게 말합니다. 어디 그뿐인가요. 이러한 아이들을 보며 애를 태우던 부모님은 이제는 잔소리하는 것조차 지친다며 온라인 출석을 하라는 담임의 전화 받는 것을 꺼립니다. 여기서 우리가 걱정해야 할 것은 며칠 결석하고 수업에 빠지는 것이 아닙니다. 배움을 포기하면서 삶을 살아가기 위한 바른 태도까지 포기해버리는 것, 우리가 정말 걱정해야 할 것은 아이들의 미래라는 생각에 책을 써내려갔습니다.

'이렇게 말 몇 마디 한다고 뭐가 달라질까?'라는 의문을 가지는 분들이 계실 겁니다. 상담하며 소위 '말로 먹고사는' 저 역시 '과연 내가 말 몇 마디 한다고 달라질까? 이렇게 말한다고 무슨 소용이 있을까?'라는 의문을 품은 적도 있었습니다. 물론, 누군가 보기에 제가 하는 일은 학교에서 가장 미미한 일일지도 모릅니다. 제가 하는 '말'은 아이들의 성적을 단숨에 올려주는 것도 아니고, 찡

그린 아이의 표정을 활짝 웃는 얼굴로 단숨에 바꿀 수도 없으니까요. 대신 제가 하는 말은 닫힌 아이의 마음에 노크를 하는 정도, 아이의 마음에 씨앗 하나를 심는 정도일 뿐입니다. 그래서 당장에는 성적에도 큰 변화를 보여주지도 않고, 신속히 모든 문제를 해결해서 아이를 행복하게 할 수도 없습니다.

하지만 저는 저의 '말'이 아이의 20년 뒤를 달라지게 할 것이라고 믿습니다. '지금 마음이 어때? 아까는 많이 속상했지?'라며 아이의 닫힌 마음에 노크하는 말은 아이가 자신의 마음을 돌아볼 수 있는 태도를 형성하게 됩니다. 그리고 20년 뒤에 비록 제 이름은 기억 못 하더라도 '어렸을 적 어떤 선생님은 내 마음을 알아봐주셨어. 그리고 나를 믿어줬잖아'라고 기억하면서 세상에 대한 신뢰를 저버리지 않고 올바로 살아가려고 노력할지도 모릅니다.

"그렇게 하는 게 쉽지 않았을 텐데…… 너는 정말 꾸준히 노력하는구나"라는 말을 들은 아이는 어떨까요? 이러한 말을 들은 아이는 '나는 노력하면 잘할 수 있어'라는 씨앗을 심고 좌절에도 쉽게 포기하지 않을 겁니다. 이렇게 꾸준히 노력한 아이는 20년 뒤 사회에 나갔을 때 얼마나 멋지게 성장할까요? 지금 우리가 하는 '말'은 아이의 마음에 노크를 하는 정도, 마음에 씨앗 하나 심는 작은 일일지도 모릅니다. 하지만 이러한 우리의 말은 분명 20년 뒤, 아이들의 미래를 변화시킬 겁니다.

당장 눈에 띄게 변화를 일으키지 않고, 내일의 성적을 올리지도 않는 말이지만 20년 뒤 우리 아이들이 우뚝 설 수 있는 단단한 뿌리가 되어준다면 어떠세요, 한번 말해볼 수 있지 않을까요? 물론 책 한번 다 읽었다고 해서 우리의 말에 큰 변화가 생기지 않을 수 있습니다. 하지만 책 한 권을 다 읽은 뒤에 '아, 내가 하는 말을 조금 더 돌아봐야겠구나', '아이들에게는 새로운 말이 필요할 수 있겠구나!'라고 생각해주시는 것만으로도 충분합니다. 그러면 훗날 아이들에게 새로운 말이 필요한 순간에 책을 한 번 더 펼쳐보실 수 있을 테니까요. 그렇게 한 번, 두 번 펼쳐보며 익힌 새로운 말들이 우리 아이들의 20년 뒤를 바꿀 겁니다.

이 책을 통해 감사를 전하고 싶은 분들이 있습니다. 먼저 이 책에 대한 아이디어를 샘솟게 해준 신지영 언니에게 고마움을 표합니다. 날씨가 참 좋았던 어느 날, 언니와 공원에 앉아 "나는 왜 공부하는 게 좋았을까? 때로는 왜 그렇게도 하기 싫었을까? 공부는 나에게 도대체 뭐였지?"라는 주제로 대화를 나누며 이 책이 시작되었습니다. 삶에서 이렇게 심도 있는 대화를 편안하게 나눌 수 있는 소울메이트가 있어 감사합니다. 두 번째, 책이 세상에 나올 수 있도록 애써주신 위즈덤하우스 편집부에도 감사함을 전합니다. 그리고 저를 사랑과 믿음으로 키워주신 부모님과 돌아가신 할아버지께 감사의 말씀을 드립니다. 사실 저 역시 말을 예쁘게 잘하는 사람은 아니었습니다. 태어날 때부터 어찌나 예민하고 불안했던지 엄마가 보고 싶다고 유치원을 맨발로 뛰쳐나온 것은 기본, 학창 시절 시험 기간에는 늘 걱정을 달고 살았고 조금만 불안해도 뾰족 날카로워져서 주변 사람들을 힘들게 했던 아이였습니다. 그런 제가 세상에 휘둘리지 않고 저의 속도에 맞춰 뚜벅뚜벅 걸을 수 있게 된 것은 모두 부모님 덕분입니다. 그리고 늘 저를 응원하며 사랑을 퍼주는 저의 배우자 신광환 님에게도 감사합니다. 남편에게 반한 이유 중 하나는 말을 참 예쁘게 하는 것이었습니다. 그리고 살아보니 남편의 예쁜 말은 모두 시부모님의 모습을 그대로 본받았다는 것을 알게 되었습니다. 시부모님께도 깊은 감사와 존경의 마음을 전합니다. 마지막으로 학교에서 부모님 못지않게 아이들에게 사랑과 믿음의 말을 건네시는 대한민국의 모든 선생님께도 응원의 마음을 보냅니다.

**2021년 새해 아침에
한혜원**

**그렇게 말해주니
공부하고 싶어졌어요**

초판 1쇄 발행 2021년 1월 15일 **초판 5쇄 발행** 2024년 5월 13일

지은이 한혜원
펴낸이 최순영

출판1 본부장 한수미
라이프 팀

펴낸곳 ㈜위즈덤하우스 **출판등록** 2000년 5월 23일 제13-1071호
주소 서울특별시 마포구 양화로 19 합정오피스빌딩 17층
전화 02) 2179-5600 **홈페이지** www.wisdomhouse.co.kr

ⓒ 한혜원, 2021

ISBN 979-11-91308-24-2 13590

* 이 책의 전부 또는 일부 내용을 재사용하려면 반드시 사전에 저작권자와
  ㈜위즈덤하우스의 동의를 받아야 합니다.
* 인쇄·제작 및 유통상의 파본 도서는 구입하신 서점에서 바꿔드립니다.
* 책값은 뒤표지에 있습니다.